COMO ACOLHER
SEU LADO SOMBRA

COMO ACOLHER SEU LADO SOMBRA

Atividades diárias para lidar com feridas antigas, crenças limitantes e emoções negativas como medo, vergonha e rejeição

KELLY BRAMBLETT

SEXTANTE

Título original: *The Complete Shadow Work Workbook & Journal*

Copyright © 2024 por Callisto Publishing LLC
Originalmente publicado nos Estados Unidos pela Callisto Publishing, um selo da Sourcebooks LLC (www.sourcebooks.com)

Copyright da tradução © 2024 por GMT Editores Ltda.

Todos os direitos reservados. Nenhuma parte deste livro pode ser utilizada ou reproduzida sob quaisquer meios existentes sem autorização por escrito dos editores.

tradução: Beatriz Medina
preparo de originais: Rafaella Lemos
revisão: Juliana Souza e Pedro Staite
produção editorial: Guilherme Bernardo
diagramação e adaptação de capa: Ana Paula Daudt Brandão
projeto gráfico e capa: Callisto Publishing LLC
imagens: Shutterstock – © Bibadash (moldura); © Kozyrina Olga (estampa floral). iStock/Getty Images – © Natouche (olho); © MaryliaDesign (folha); © Tetiana Lazunova (espelho)
impressão e acabamento: Lis Gráfica e Editora Ltda.

CIP-BRASIL. CATALOGAÇÃO NA PUBLICAÇÃO
SINDICATO NACIONAL DOS EDITORES DE LIVROS, RJ

B811c

Bramblett, Kelly
    Como acolher seu lado sombra / Kelly Bramblett ; tradução Beatriz Medina. - 1. ed. - Rio de Janeiro : Sextante, 2024.
    224 p. : il. ; 23 cm.

    Tradução de: The complete shadow work workbook and journal
    ISBN 978-65-5564-815-7

    1. Motivação (Psicologia). 2. Desenvolvimento pessoal. 3. Autorrealização. 4. Traumas (Psicologia). 5. Técnicas de autoajuda. I. Medina, Beatriz. II. Título.

23-87592   CDD: 158.1
                                       CDU: 159.923.2

Gabriela Faray Ferreira Lopes - Bibliotecária - CRB-7/6643

Todos os direitos reservados, no Brasil, por
GMT Editores Ltda.
Rua Voluntários da Pátria, 45 – 14º andar – Botafogo
22270-000 – Rio de Janeiro – RJ
Tel.: (21) 2538-4100
E-mail: atendimento@sextante.com.br
www.sextante.com.br

Dedico este livro a todos que estão se esforçando, curando as próprias feridas e trabalhando continuamente rumo ao crescimento pessoal. Obrigada por fazer sua parte.

Sumário

Introdução	8
Como usar este livro	11

PARTE I
INTRODUÇÃO AO TRABALHO COM A SOMBRA — 13

CAPÍTULO 1: Conhecendo seu lado sombra — 15
CAPÍTULO 2: Entendendo o trabalho com a sombra — 27

PARTE II
COLOCANDO EM PRÁTICA O TRABALHO COM A SOMBRA — 39

CAPÍTULO 3: Receba sua sombra com franqueza e vulnerabilidade — 41
CAPÍTULO 4: Enfrente as trevas com aceitação e compaixão — 71
CAPÍTULO 5: Jogue luz sobre suas crenças limitantes e as coloque em xeque — 99
CAPÍTULO 6: Identifique e entenda seus gatilhos — 129
CAPÍTULO 7: Melhore seus relacionamentos por meio do trabalho com a sombra — 153
CAPÍTULO 8: Acolha sua sombra e se ame para sempre — 185

Palavras finais	219
Recursos	220
Referências	223

Introdução

Bem-vindo a esta nova e emocionante jornada. Meu nome é Kelly Bramblett e vou guiar você pelas atividades deste livro. Sou especialista em traumas, praticante da técnica de libertação emocional (EFT, na sigla em inglês), coach, praticante da lei da atração e mestre de Usui Reiki. Além de todos os títulos e diplomas, sobrevivi ao trauma e sou uma pessoa profundamente motivada que procura curar a coletividade ensinando os indivíduos a se curarem primeiro.

Foi fora da sala de aula que aprendi as lições mais valiosas, ao longo dos mais de vinte anos em que trilhei minha própria jornada pessoal de cura, trabalhando para integrar a minha sombra. Fui avançando dando dois passos para a frente e um para trás. Progredi devagar assim porque não dispunha das ferramentas necessárias para lidar com meu eu ferido e curá-lo. O aprendizado foi lento, mas as lições foram poderosas. Com o passar do tempo, à medida que minha vida foi melhorando, me dei conta de que queria ensinar aos outros tudo o que eu havia aprendido, assim eles não precisariam demorar vinte anos para descobrir o caminho por conta própria. Se aplicar de forma consistente as práticas e técnicas que aprenderá neste livro, você poderá contar com esse conhecimento pelo resto da vida.

Embora o trabalho para integrar o meu lado sombra tivesse o objetivo de curar minha ferida não resolvida, esse é um processo de muitas camadas. A sombra é só outro nome que damos ao inconsciente, e muita coisa acontece sob a superfície da consciência. As crenças limitantes, o pensamento condicionado, as feridas não resolvidas, a vergonha, o ego e os medos mais profundos são todos aspectos da mente-sombra. Quando combinados, eles se tornam a causa de nossos ciclos tóxicos, dos gatilhos e da insatisfação em geral.

Este é um livro para quem se sente estagnado ou anseia por um algo mais. Para os que têm o desejo verdadeiro de entender a si mesmos e estão dispostos a olhar os aspectos incômodos de sua psique oculta com a energia do amor, da compaixão e da aceitação radical. Sei que isso soa um pouco (talvez muito) assustador, mas estarei aqui para guiar você com delicadeza por todo o caminho e lhe oferecer as ferramentas baseadas em evidências com as quais poderá contar muito depois de terminar este livro.

Ainda que tenha sido criado para empoderar você e lhe dar a confiança necessária para trabalhar por conta própria, este livro não substitui um profissional de saúde mental. Se você sentir que as atividades propostas aqui provocam emoções ou pensamentos intrusivos pesados demais e que não consegue administrá-los sozinho, procure ajuda. Não há vergonha nenhuma em admitir que precisamos de apoio. Ninguém nasceu para trilhar a vida sozinho.

É verdade que o trabalho com a sombra pode ser bastante desconfortável, mas também é gratificante e você pode acabar gostando. Lembre-se: nunca deixamos de crescer e aprender. Permita-se relaxar ao fazer as atividades propostas neste livro. Respire fundo. Quando estiver tudo pronto, vamos começar!

Como usar este livro

Este livro se divide em duas partes. A Parte 1 é uma introdução que oferece uma compreensão mais profunda do que é o trabalho com o lado sombra e de como ele pode ser benéfico para a sua vida.

A Parte 2 tem seis capítulos que contam com exercícios, práticas a incluir na sua rotina diária e alguns estudos de caso. Cada um desses capítulos também inclui uma seção em formato de diário, com sugestões de escrita para ajudar você a refletir sobre pensamentos, sentimentos e conquistas à medida que for avançando em sua jornada para integrar sua sombra.

Você pode usar este livro da maneira que achar melhor. É possível trabalhar nele do começo ao fim ou explorar os diversos tópicos livremente e deixar que a intuição lhe mostre o que é mais necessário no momento. Não importa o método escolhido; lembre-se de que o importante é a jornada, não o destino. Esse antigo ditado se aplica muito bem ao trabalho interior e ao desenvolvimento pessoal. Leve o tempo que precisar e integre cada lição plenamente para criar uma mudança saudável na sua vida. Você não deve executar essas práticas com pressa nem tratá-las como se fossem meros itens a riscar da lista de afazeres. É fundamental aplicar de forma consistente as lições e os conceitos apresentados aqui para conseguir criar novos hábitos. O crescimento e a mudança sustentáveis acontecem com um passinho sutil de cada vez na direção certa. Não há necessidade de pressa.

PARTE I

INTRODUÇÃO AO TRABALHO COM A SOMBRA

A primeira parte deste livro será sua base, criando estabilidade a partir da compreensão do que é o trabalho com a sombra e do que não é. Levarei você a um mergulho profundo para explorar seu lado sombra, mostrando como surgem as crenças limitantes e o pensamento condicionado. Entenda que todos temos uma sombra. Embora seu primeiro impulso seja ficar constrangido ou com vergonha das coisas que vai descobrir sobre esses aspectos nebulosos de si mesmo, elas se tornarão as maiores ferramentas para seu crescimento. Basta abordá-las com a mentalidade certa. Com o tempo, você chegará a sentir gratidão pelas lições dolorosas, as feridas causadas e as energias desconfortáveis armazenadas na mente inconsciente. No entanto, primeiro é preciso ter consciência e compreender como seu lado sombra foi moldado pelas suas experiências passadas. Essa clareza vai permitir que você passe pelo processo com a tranquilidade e a autoconfiança necessárias para o sucesso e a consistência do seu crescimento.

CAPÍTULO 1

CONHECENDO SEU LADO SOMBRA

Este capítulo se concentra basicamente em explicar o que forma nossos aspectos sombrios e como eles se desenvolvem ao longo da vida. Muitas facetas diferentes estão envolvidas no interminável desenvolvimento da sua sombra. A ideia não é eliminar nem se livrar dessas partes que formam a totalidade de quem somos. Em vez disso, a meta é aprender a amar, apreciar, observar sem julgamento e integrar seu lado sombra, sem se identificar com ele. Assim, você cria espaço entre reação e resposta, o que lhe permite fazer escolhas saudáveis em qualquer situação.

Você aprenderá a acalmar sua criança interior, a não dar ouvidos ao seu crítico interior e a apaziguar o ego, agindo a partir de uma perspectiva de clareza. A mentalidade também é fundamental neste trabalho e será tratada neste capítulo. Você aprenderá sobre o caos que costumamos criar quando tentamos fugir da sombra, ignorá-la ou reprimi-la. Além disso, vou destacar com detalhes de que maneira o trabalho com a sombra beneficia todas as áreas da vida.

Lidando com o pensamento condicionado

Eu me lembro com carinho de uma cliente chamada Sara, com quem trabalhei no início de minha carreira de coach. Ela me procurou porque sentia que seu relacionamento com a comida, que descrevia como compulsivo, não era nada saudável. A preocupação era mais com a qualidade do que com a quantidade do que ela consumia.

Quando começamos a desvendar seu histórico de trauma, ela me contou que era o bode expiatório de uma grande família. A mãe, que a maltratava verbal e fisicamente, instilava medo nos membros da família e controlava todos, inclusive o pai dócil, que nunca era agressivo, mas também nunca intervinha a favor da filha. Certo dia, Sara me contou que a mãe batia nela regularmente com o sapato e gritava várias e várias vezes "você não presta para nada!".

Quando comecei a trabalhar com Sara, ela aspirava ser coach e escritora, mas a crença limitante criada no início da infância a convenceu de que ela não era boa o bastante para esse trabalho. Sua insatisfação com o emprego e a vida a levou a recorrer à comida para encontrar conforto e preencher o vazio criado pelo passado doloroso. Trabalhei com ela para enfrentar as crenças limitantes e a guiei por práticas que a ajudaram a liberar anos de emoções armazenadas no corpo e mudar sua maneira de pensar. Na última vez que conversamos, ela estava com dois clientes gratuitos e estudava para tirar o certificado geral de coach.

O QUE É O LADO SOMBRA?

A expressão *lado sombra* foi cunhada por Carl Jung, o célebre psicanalista suíço; mas, pelas explicações místicas que encontramos na internet hoje em dia, talvez você não imagine que o trabalho que apresentamos aqui tem bases científicas. Na verdade, não há nada de misticismo na sombra, embora haja um toque de mistério em tudo que fica oculto e enterrado. Em geral, esses são aspectos nossos que nos provocam vergonha ou constrangimento, e essa é uma das razões para evitarmos reconhecê-los.

Com frequência, pergunto aos clientes que resistem a lidar com a sombra se eles acham que são perfeitos. Em cem por cento das vezes, eles respondem sem hesitar: "Claro que não!" Minha pergunta seguinte é sempre: "Então por que você sente tanta vergonha de ser uma pessoa imperfeita, como todas as outras do planeta?" Parece que isso os ajuda a adotar uma postura de auto-observação com menos julgamento e mais aceitação. A perfeição não é a meta nem faz parte da experiência humana. O objetivo deve ser sempre a consciência e o crescimento constante. Todos temos uma sombra a enfrentar, e não há a menor necessidade de sentir que a sua faz de você uma pessoa pior do que as outras ou que você não merece alcançar suas metas de vida.

COMO O LADO SOMBRA SE DESENVOLVE?

O lado sombra é uma parte da condição humana, ou seja, desde que nascemos já temos a capacidade de conter em nós atributos sombrios. Ele está enraizado na parte mais primitiva do cérebro, transmitida aos seres humanos modernos por nossos antigos ancestrais, que precisavam do ego e da resposta de luta ou fuga para garantir a sobrevivência da espécie. Agora essas partes da psique têm um propósito bem diferente: nos ajudar a desenvolver um nível mais profundo de maturidade emocional.

Somos afetados por nossas experiências únicas ao longo de toda a vida, e o cérebro constantemente recebe informações dos estímulos externos. Quando nos identificamos com o ego, essas informações são filtradas por essa lente, e podemos agir de um modo que não está alinhado com nossa consciência superior. Você já perdeu a calma, disse coisas que não queria a alguém que ama e depois se sentiu culpado quando voltou a um estado de espírito de maior estabilidade? Isso acontece quando agimos em desacordo com nosso sistema fundamental de crenças, o que pode ocorrer facilmente quando não temos consciência do nosso lado sombra.

Infância e vida familiar

Boa parte do pensamento condicionado e dos sistemas de crenças nocivos que guardamos no inconsciente é criada na infância e continua a evoluir, tornando-se cada vez mais prejudicial à medida que envelhecemos. Por isso grande parte do trabalho para lidarmos com a sombra envolve o contato com nossas lembranças mais antigas e com o ambiente da nossa infância. A confiança que a criança instintivamente deposita nas figuras parentais vai levá-la a aceitar sem questionar tudo que lhe mostram e dizem. Por exemplo, o pai ou a mãe que não dá afeto nem faz elogios pode criar feridas de abandono na criança. Como mecanismo de defesa, a criança amadurece e se torna um adulto emocionalmente indisponível que, como resultado, tem dificuldade de manter relacionamentos saudáveis. E assim um ciclo é criado.

Experiências e lembranças traumáticas

Nossas experiências traumáticas não resolvidas ocupam muito espaço nos aspectos sombrios da psique, principalmente as do início da vida, quando o cérebro ainda estava desenvolvendo nossas ideias mais básicas sobre o mundo. Traumas não resolvidos podem jogar a pessoa nas profundezas de uma vida destrutiva. Trabalhando no tratamento de traumas, vejo muita gente que tem dificuldade em manter uma mentalidade saudável e enfrenta questões como vícios, baixa autoestima, tendência a querer sempre agradar os outros e incapacidade de entender e criar limites saudáveis. Quando seguimos as pistas, quase todos os comportamentos e padrões tóxicos parecem nascer de feridas emocionais que infeccionaram.

Experiências percebidas como vergonhosas

A vergonha tem um papel importante na saga humana, mas não deve ser confundida com sua prima mais enérgica, a culpa. A culpa saudável é fundamental: ela nos alerta quando agimos fora dos nossos padrões morais e nos dá a oportunidade de nos realinhar com nossos valores fundamentais e nosso sistema de crenças. A culpa se transforma em vergonha quando não conseguimos nos perdoar ou quando nos sentimos incapazes de controlar a ação que nos faz sentir culpados. É comum o indivíduo que passou por muitos eventos traumáticos desenvolver culpa e vergonha tóxicas e se sentir responsável pelo comportamento e pelas ações dos outros. A energia da vergonha fica armazenada na mente inconsciente e afeta nossa visão sobre nós mesmos, a maneira como permitimos que os outros nos tratem e nossa sensação de merecer ou não ter uma vida boa.

Por que é fundamental ter uma mente receptiva

Uma mentalidade saudável e um sistema nervoso bem regulado são essenciais para esta jornada. É importante ter a mente aberta para sair da sua zona de conforto, mas que seja suficientemente estável de modo que você consiga fazer isso de forma centrada, sem perder o prumo. Antes de começar as práticas para encarar a sua sombra, sugiro sempre reservar um momento para estabelecer consciência e intencionalidade. Treine desacelerar e prolongar a respiração, inspirando e expirando pelo nariz. Faça uma varredura, levando a atenção a todas as partes do seu corpo, e observe em que lugares há tensões ou músculos contraídos. Permita-se liberar toda a tensão ao soltar o ar, sentindo-se relaxar. Você pode até escolher estabelecer a intenção de permanecer amoroso e compassivo em relação a si mesmo, sem se julgar.

Se, a qualquer momento do seu trabalho com este livro, você começar a se sentir assoberbado e ansioso ou perceber que o assunto lhe provoca uma resposta emocional excessiva – sinais de sistema nervoso desregulado –, faça uma pausa para se concentrar nessa prática respiratória. Prestar atenção nas mudanças sutis do corpo vai lhe oferecer um ponto de apoio em todos os aspectos da vida. Se quiser tornar essa prática ainda mais dinâmica, acrescente-a à sua rotina diária. Você pode se desafiar aumentando o tempo que se dedica a ela a cada dia. Não desanime se no começo só for capaz de manter a consciência da respiração por poucos minutos; isso tende a melhorar com a constância. A respiração é uma das suas ferramentas mais importantes. Use-a sempre que necessário para trazer a atenção de volta ao corpo e se centrar.

O PERIGO DE REPRIMIR SUA SOMBRA

Não levei muito tempo para perceber a conexão óbvia entre meus clientes que tinham traumas armazenados no corpo e manifestações como doenças autoimunes, fibromialgia e outras enfermidades. Quando reprimimos aspectos da sombra na tentativa de fugir, o desconforto assume outra forma. Embora a evitação seja uma solução rápida, esconder o que consideramos desagradável ou desconfortável *cobrará* um preço. Além do efeito negativo sobre o corpo físico, a repressão também resulta em sintomas emocionais muito mais intensos, que surgem sob a forma de ansiedade, depressão e insatisfação.

De acordo com os Centros de Controle e Prevenção de Doenças dos Estados Unidos, uma pessoa morre a cada 36 segundos no país em decorrência de doenças cardiovasculares, que são "a principal causa de morte de homens e mulheres da maioria dos grupos étnicos e raciais". Centenas de estudos ligam o estresse, a ansiedade e várias questões de saúde mental à cardiopatia. A mensagem é clara: para viver com mais saúde, temos que desenvolver habilidades que nos ajudem a processar e lidar com os altos e baixos da vida. Além de facilitar o processamento das coisas do passado, o trabalho com a sombra também incentiva o desenvolvimento de uma mentalidade de crescimento e promove uma consciência saudável no momento presente. Isso nos permite lidar com os desafios que surgem de maneira que eles não fiquem armazenados no inconsciente, em última análise levando a um nível mais profundo de saúde integral.

Acompanhe sua jornada

Na minha formação em técnica de libertação emocional (EFT), aprendi a sempre pedir ao cliente que classificasse, numa escala de um a dez, como se sentia antes da sessão e, depois, quando a sessão terminava. A razão para isso é que a mente tende a esquecer nosso estado inicial quando passamos a nos sentir melhor, e assim pode ser difícil avaliar nosso progresso. Os profissionais descobriram que, quando não implementam essa avaliação, os clientes tendem a relatar pouca melhora, porque eles perdem a referência emocional. Quando a avaliação se tornou comum na EFT, os resultados melhoraram, porque os clientes puderam comparar como se sentiam antes e depois do tratamento.

Registrar a jornada em diários e anotações lhe dará o mesmo tipo de referência para comparação. Além disso, reservar um tempo para refletir de vez em quando sobre o que você registrou levará a ainda mais revelações em retrospecto. Essa prática também ajuda a identificar melhor suas vitórias, que manterão você motivado a continuar em sua jornada. Talvez seja bom escrever suas metas, manifestações e intenções e, quando tiver vontade, registrar os pontos altos e baixos da jornada. Isso também será benéfico se você estiver trabalhando com um terapeuta.

OS BENEFÍCIOS DE RECONHECER SUA SOMBRA

Embora a perspectiva de se dedicar a esse trabalho pareça penosa, garanto que os benefícios mostrarão que o tempo e o esforço despendidos em cada prática terão valido muito a pena. Já disse isso várias vezes ao lidar com clientes: nossa ideia é visitar a nossa sombra, não ficar lá com ela por toda a eternidade. Nossas incursões às trevas tornam muito mais gratificante o tempo que passamos em nossa luz. A integração acontece quando criamos novos hábitos positivos. Essa percepção deixa nosso trabalho muito menos intimidante e bem mais gratificante. E passamos a fazê-lo de forma automática, com muito menos esforço. Os relacionamentos melhoram, a autoestima se fortalece e o aumento da confiança abre as portas para mais oportunidades e sucessos. O crescimento sutil e gradativo por meio das práticas de desenvolvimento pessoal criará uma mudança enorme depois de um tempo e melhorará todas as áreas da sua vida.

Priorize a cura e o bem-estar

Sei que todos temos a agenda cheia e precisamos conciliar uma quantidade enorme de responsabilidades, mas é fundamental priorizar a saúde e o bem-estar. Quando satisfazemos as nossas necessidades, podemos garantir que vamos estar presentes para cumprir essas responsabilidades com o máximo de recursos internos. E quando sempre reservamos um tempo para cuidar de nós mesmos e enfrentar com tranquilidade e elegância as questões difíceis que aparecem, levamos o que temos de melhor a todas as partes da vida. Além disso, damos aos outros um exemplo positivo ao priorizar nossas necessidades e normalizar o autocuidado e as práticas de saúde holísticas tão estigmatizadas na sociedade moderna, que glorifica e vê como um sinal de sucesso estarmos sempre ocupados.

Liberte-se de padrões destrutivos

O objetivo do trabalho com a sombra é jogar luz sobre o que está no escuro – em outras palavras, levar consciência ao inconsciente. Ao fazer isso, você naturalmente começa a perceber os ciclos tóxicos e os padrões destrutivos na sua vida. A consciência é o primeiro passo. A partir dela, é possível criar um plano prático para deixar para trás seus hábitos nocivos e adotar hábitos mais saudáveis. Sempre que eliminamos padrões tóxicos de comportamento, abrimos um espaço que pode ser preenchido de forma intencional para que o inconsciente não assuma o controle do espetáculo. Assim conseguimos nos libertar das correntes invisíveis que nos prendem a hábitos nocivos e ciclos tóxicos.

Cure as velhas feridas e deixe para trás o que não serve mais

Todos passam por algum tipo de trauma; a vida é assim. Reconhecer e dissipar o trauma é um aspecto fundamental do desenvolvimento pessoal. Quando escolhemos abordar as feridas do passado com amor, compaixão, aceitação e perdão, nos permitimos uma vida mais agradável e satisfatória. A boa notícia é que o nosso sofrimento não é em vão. Nossas experiências dolorosas do passado servem a um propósito mais elevado e trazem a oportunidade de redescobrirmos a verdadeira expressão da nossa alma por meio da cura. Quando considerada a partir desse ponto de vista, a dor se torna uma ferramenta poderosa, oferecendo lições muito valiosas que nos trazem a uma consciência mais profunda de nós mesmos.

Melhore todas as partes da sua vida
Uma rotina consistente que inclua o desenvolvimento pessoal traz oportunidades ilimitadas de crescimento. Ao aprender a ser responsivo e não reativo, você assume o controle das suas experiências. É como se a vida deixasse de ser algo que acontece *com* você, que passa a reconhecer a dança entre intencionalidade e responsabilidade de acordo com a satisfação que sente a cada momento. Os relacionamentos melhoram quando cultivamos um ponto de vista saudável centrado na observação sem julgamento. Desenvolvemos um amor-próprio saudável quando nos dedicamos ao crescimento e temos tranquilidade quando estabelecemos e mantemos limites apropriados. A vida fica repleta de riqueza e significado, e você se abre a um modo mais profundo, gratificante e intencional de experimentar o mundo.

Sinta-se autorizado a ser quem é, com defeitos e tudo
Não há nada mais empoderador do que se apresentar ao mundo de forma autêntica, à vontade, sem se desculpar por quem você verdadeiramente é nem se preocupar com o que os outros vão pensar. Praticar a aceitação radical de si significa amar todas as suas partes, ser gentil consigo mesmo a cada tropeço no caminho e saber que seus defeitos – que lhe conferem sua humanidade – não o tornam indigno. A liberdade total nasce da validação interna, que nos livra da necessidade de que gostem da gente e elimina o medo da opinião e do julgamento dos outros. Quando você se conhece por dentro e por fora, ninguém consegue convencê-lo do contrário, e isso é poderoso. Você se torna inabalável.

Principais lições

Como você aprendeu neste capítulo, sua sombra se desenvolve por meio de muitas experiências diferentes no decorrer da vida, e os benefícios de entender como ela afeta sua vida de todas as formas são infinitos. Vamos recapitular o que tratamos:

- Não há nada de misticismo em falar sobre a sombra, apesar de toda a desinformação espalhada na internet. Seu lado sombra é simplesmente uma combinação das feridas do passado, das crenças limitantes, dos seus medos mais profundos, do seu pensamento condicionado e das suas experiências percebidas como vergonhosas – tudo isso no inconsciente.

- O lado sombra é afetado e desenvolvido por vários componentes-chave, como as experiências da primeira infância, a dinâmica familiar, as experiências traumáticas passadas e o comportamento percebido como vergonhoso. Sua narrativa interior e as crenças limitantes são influenciadas pelo modo como você processa as informações contidas nesses elementos de sua experiência de vida.

- Evitar ou reprimir a sombra causa um impacto negativo sobre a saúde física, emocional e mental – pois esses aspectos estão conectados entre si e ligados ao inconsciente.

- Trabalhar para integrar sua sombra vai ajudá-lo a aprofundar sua compreensão de si mesmo de um modo seguro, amoroso e compassivo. Esse esforço leva à cura e lhe permite crescer em todas as áreas da sua vida.

CAPÍTULO 2

Entendendo o trabalho com a sombra

Neste capítulo, continuaremos a aprender sobre o lado sombra e sobre como o trabalho para integrá-lo nos ajuda a enfrentar os desafios da vida de maneira mais equilibrada e centrada. Investigaremos a interminável exploração do eu e as várias maneiras pelas quais esse trabalho vai beneficiar a sua vida muito depois de concluído. Também ensinaremos a cultivar um relacionamento saudável com a sua sombra. Você aprenderá a transformar sua mentalidade, desenvolvendo uma perspectiva que vai apoiá-lo plenamente em sua jornada e trazer tranquilidade à sua vida.

Aqui, você encontrará uma explicação profunda do propósito, do desenvolvimento e da importância da sombra, abrindo caminho para que seja capaz de acolher com bondade amorosa esse aspecto seu. Minha mais profunda esperança é que, a partir de um entendimento empoderador, você se sinta plenamente preparado, confiante e inspirado a embarcar nas práticas e nos exercícios a seguir.

Os quatro pilares do trabalho com a sombra na prática

Ao longo de anos escrevendo, ensinando e oferecendo mentoria, desenvolvi o que chamo de os quatro pilares para curar todas as feridas não resolvidas. Esses pilares são a essência do trabalho com a sombra e a base de minha atuação como coach e especialista em apoio ao trauma. Eles são (1) autorregulação do sistema nervoso, (2) mentalidade, (3) amor-próprio e aceitação radicais e (4) perdão a si e aos outros. Tive a honra de testemunhar em primeira mão como o trabalho com esses conceitos consegue transformar vidas.

Vejamos Autumn, por exemplo, que me procurou porque não conseguia relaxar. Ela vivia com medo de não ter tempo suficiente na vida e sentia que estava sempre correndo atrás do prejuízo. Como também sofria de baixa autoestima, me disse que se sentia um fracasso. Temia que o marido a deixasse e se sentia mental e emocionalmente pressionada. Ela se inscreveu em meu programa individualizado de oito semanas, no qual abordamos cada pilar e incorporamos o trabalho com a criança interior, tratamos os traumas do passado e forjamos uma nova mentalidade. Também lhe ofereci ferramentas que a ajudaram a recuperar a confiança. Durante o tempo em que trabalhamos juntas, ela parou de ter culpa ao priorizar sua necessidade de descanso e conseguiu alcançar uma forma nova e saudável de encarar o tempo – e isso acabou permitindo que realizasse mais e criasse estratégias a partir dessa clareza recém-descoberta.

INVESTIGUE SEU LADO SOMBRA

De acordo com os registros históricos, os seres humanos sempre se sentiram intrigados pelos aspectos invisíveis, desconhecidos e ocultos da nossa psique. Nossa forma de ver o trabalho interior evoluiu a partir da maior compreensão do cérebro humano e do desenvolvimento da psicologia. Estudos epigenéticos inovadores provam que os pensamentos e sentimentos nos impactam em nível celular porque afetam o modo como o DNA se expressa, ativando ou desativando determinados genes. O trabalho com a sombra literalmente nos transforma em nível celular.

E à medida que a ciência começa a finalmente entender o que os mestres espirituais ensinam há milhares de anos, antigas técnicas e ferramentas vêm sendo descobertas. Práticas como a meditação e a atenção plena ajudam a regular o sistema nervoso, criando a base para qualquer trabalho interior. O movimento intencional – como a dança e o yoga – ajuda a criar a conexão corpo-mente, que é um antídoto para a dissociação, uma resposta comum ao trauma. O autocuidado e o perdão nos colocam numa perspectiva mais acolhedora e compassiva e nos ajudam a ter uma vida mais alegre, facilitando relacionamentos saudáveis e a construção de um sentimento de comunidade. Realmente não há nada de novo sob o sol quando se trata do trabalho com a sombra, mas hoje temos ferramentas baseadas em evidências científicas, que dão maior validação a essa área.

O TRABALHO COM A SOMBRA LEVA AO CRESCIMENTO PESSOAL

A beleza desse trabalho é não estar reservado para poucos. Ele está à disposição de qualquer um que se disponha a mergulhar fundo e olhar para dentro de si com curiosidade e aceitação. Com apenas um pouco de orientação, você pode trabalhar em segurança dentro da sombra para efetivamente curar, crescer, se transformar e mudar a sua vida.

É comum que haja desconforto e reações emocionais pelo caminho. Talvez você até descubra que se dedicar ao trabalho com a sombra provoca emoções e lembranças dolorosas. Pode ser que você seja convidado a explorar experiências do passado que preferia esquecer completamente. Mas não se preocupe; você obterá as ferramentas para lidar com qualquer desconforto que surgir. Não há necessidade de temer o processo. Você logo descobrirá que, quando age para integrar a sombra em vez de reprimi-la, o trabalho, além de ser gratificante, vem com mais facilidade. As práticas, os exercícios e as atividades de escrita de diário oferecidos na segunda parte deste livro visam ajudá-lo a explorar a sombra de forma livre e profunda.

Acolha sua sombra com franqueza e vulnerabilidade
Um dos maiores e mais comuns obstáculos que costumamos enfrentar no início do trabalho com a sombra é a incapacidade de ter franqueza total sobre nós mesmos sem ter vergonha do que consideramos nossos defeitos e erros. O ego morre de medo disso e se fará ouvir quando você começar, mas, com uma atitude amorosa de autoaceitação, é possível superar a resistência. Admitir suas características e seus hábitos tóxicos pode fazer você se sentir em carne viva, vulnerável e exposto, mas estar disposto a permanecer com essa sensação é o alicerce de todo o trabalho com a sombra. Lembre-se: não há problema nenhum em ser imperfeito. Todos somos. Prepare-se para dissipar qualquer vergonha que aparecer.

Encare as trevas com aceitação e compaixão
Apesar de parecer algo ótimo, nem sempre é fácil incorporar a aceitação radical de si mesmo. Precisamos superar a vergonha, os arrependimentos e o pensamento condicionado que questiona nossa capacidade de nos amar plenamente. Fazemos isso com amor e compaixão. É fundamental assumirmos plena responsabilidade por nossas ações, e podemos fazer isso de um jeito gentil e amoroso. O autojulgamento não ajuda no seu desenvolvimento pessoal e só cria obstáculos no caminho rumo à cura. O que nos recusamos a aceitar em nós mesmos será ampliado e aparecerá na forma do julgamento que fazemos dos outros por mera projeção.

Esclareça e desafie as crenças limitantes
Iluminar a sombra significa trazer à consciência o que antes permanecia inconsciente. Quando começar o processo, você ficará frente a frente com o pensamento condicionado que gerou as suas crenças mais limitantes. O primeiro impulso talvez seja aceitar essas crenças sem questio-

nar, porque é o que você sempre fez. O cérebro gosta de rotina e sempre escolherá o caminho de menor resistência. É preciso estar disposto a confrontar objetivamente essas crenças para determinar quais são úteis e quais puxam você para baixo. Lembre-se: acreditar em alguma coisa não a torna verdadeira.

Identifique e entenda seus gatilhos

Adoro criar conteúdo que, de forma segura, provoque gatilhos leves em quem segue meu trabalho. Não faço isso para deixar ninguém mal. Faço por amor, porque sei que os gatilhos nos trazem a oportunidade de aprender e crescer. Meu trabalho é fazer as pessoas pensarem neles e os explorarem, ainda que com certo desconforto. Quando nos identificamos com o ego, podemos nos descontrolar ou ficar na defensiva diante de um gatilho. Por isso, boa parte do trabalho que faremos aqui envolve ver nossos gatilhos como professores, porque eles em geral apontam exatamente para o que é preciso abordar dentro de nós.

Reconheça e aprenda com seus relacionamentos

A qualidade de nossos relacionamentos e o tipo de pessoa com quem escolhemos nos relacionar revelam muito sobre o que acontece no inconsciente. Quem tem problemas de autoestima pode, sem querer, sempre escolher se relacionar com pessoas que confirmam suas crenças inconscientes mais arraigadas. A pessoa pode atrair amigos e parceiros desrespeitosos, emocionalmente indisponíveis e até física e emocionalmente abusivos. E pode questionar por que se atrai sempre pelo mesmo tipo de pessoa e de relacionamento, ainda que saiba que o modo como a tratam é inaceitável. Explorar a dinâmica dos relacionamentos jogará luz sobre sua paisagem interior.

Acolha sua sombra para se amar sempre

O amor e a compaixão são componentes absolutamente essenciais do trabalho com a sombra. Aceitar plenamente a sombra leva a um amor-próprio puro e duradouro. Os relacionamentos que temos com os outros são um reflexo do que temos com nós mesmos. Quem tem um amor saudável por si mesmo e aceita as próprias imperfeições com gentileza consegue dar e receber amor de forma saudável em todos os níveis. Além de se tornar mais capaz de aceitar os outros como são, você também pode estabelecer parâmetros mais exigentes no que diz respeito à forma como quer ser amado pelos outros. Em outras palavras, você mostra às pessoas como deve ser amado pelo modo como ama a si mesmo; e, quando acolhe todas as suas partes com aceitação e compaixão, mostra a si mesmo como amar melhor os outros.

Encontre conforto no apoio externo

Parabéns por comprar este livro e se comprometer com a jornada de encarar sua sombra. Aqui você encontra recursos e ferramentas diversas, mas isso não quer dizer que não possa recorrer também a um auxílio externo. Pode valer a pena procurar um terapeuta qualificado que lhe ofereça apoio ao longo do processo de elaboração dos seus traumas. Mas saiba que nem todos os terapeutas são bem-informados sobre esse assunto; se achar que precisa de ajuda profissional para processar alguma ferida não resolvida, não se precipite: procure com calma alguém plenamente qualificado a satisfazer essa necessidade. O profissional ideal o ajudará a lidar com o desconforto de processar lembranças difíceis.

O apoio da comunidade também nos impede de ficar atolados nas sombras ao explorarmos os aspectos de nós mesmos que nos aguardam lá. Os seres humanos são criaturas sociais, e a necessidade de ter uma comunidade faz parte de nossa história coletiva desde o início dos tempos. Buscar apoio ou grupos sociais relevantes para sua experiência pode cultivar sua necessidade de estar em comunidade, ser visto, se sentir ouvido e de saber que há um espaço reservado para você. Nunca foi tão fácil se conectar. Graças à tecnologia dos dias de hoje, basta uma busca no Google para você encontrar sua turma.

PREPARE-SE PARA COMEÇAR A LIDAR COM A SUA SOMBRA

Sua preparação para esse trabalho determinará sua potência. Tentar confrontar a sua sombra com o sistema nervoso desregulado, além de impedir seu progresso, pode na verdade criar ainda mais traumas. Da mesma forma, uma mentalidade rígida produzirá resistência e fará você se sentir sugado e esgotado. É muito semelhante a tentar nadar contra a corrente: você gasta muita energia, mas não chega a lugar nenhum. O progresso depende da atitude com que você começa o trabalho.

Antes de mergulhar na segunda parte do livro, vamos explorar alguns conceitos para você adotar a mentalidade certa e, assim, aproveitar plenamente as ferramentas oferecidas, dissipando qualquer resistência do ego que encontrar. Ter clareza sobre as metas e expectativas o ajudará a se manter centrado, de olho no quadro mais amplo. Sua intencionalidade é um grande passo para fazer esse trabalho e se preparar para o sucesso.

Crie um ambiente calmo e propício à introspecção

Reserve um tempo para pensar nas suas metas e em como criar um ambiente mais favorável para alcançá-las. Pode ser acordar uma hora mais cedo para ter tempo para a introspecção enquanto a casa está em silêncio. Também pode ser colocar uma música relaxante para tocar, acender uma vela, vestir seu pijama mais confortável ou usar seu óleo essencial favorito. Pense em fazer suas práticas todos os dias no mesmo lugar e criar um breve ritual para se acalmar e entrar no clima. Também recomendo deixar o celular e outras distrações de fora.

Estabeleça um centro para seu eu físico, mental e emocional

Além de preparar o ambiente externo para o trabalho com a sombra, é igualmente importante se preparar por dentro também. Algo interessante acontece no cérebro quando não estamos centrados. O córtex frontal, que lida com o pensamento lógico, a solução de problemas e o planejamento, é desativado, e a parte mais primitiva do cérebro, onde se origina a resposta de luta ou fuga, se ativa. Ficamos reativos, e nossa capacidade de processar informações desconfortáveis adequadamente diminui muito. Reserve um tempo antes de cada sessão para se conectar com a respiração e relaxar os músculos do corpo. Você pode até escutar uma breve meditação guiada de atenção plena antes de começar. É um momento para preparar o corpo, a mente e o espírito.

Entenda as suas intenções

O que levou você a comprar este livro e se comprometer com a jornada de encarar a sua sombra? Que melhorias você quer ver? Você deve se fazer esse tipo de pergunta para ter clareza sobre suas principais intenções com este trabalho, criar expectativas realistas e definir as metas de curto e longo prazo. É igualmente importante permitir alguma flexibilidade e aceitar que não há um cronograma a seguir nem prazos a cumprir. Você também deve se comprometer a permitir que a jornada se desenvolva livremente e estar disposto a seguir o fluxo, mantendo-se aberto e curioso.

Abra-se à autorreflexão profunda

Autorreflexão significa manter a curiosidade e a abertura para explorar as possibilidades que talvez contradigam as suas crenças. Ela exige o compromisso com a reavaliação constante em meio às mudanças da vida e das circunstâncias. Reservar tempo para se preparar mentalmente e estabelecer intenções antes de começar qualquer trabalho com a sombra ajuda você a se manter calmo e centrado o suficiente para sustentar essa energia da autorreflexão. Lembre-se de receber o que surgir com amor e gentileza e de se manter aberto às lições que lhe serão apresentadas. Em sua sombra, não há nada que o torne indigno de amor. Entender isso transformará a autorreflexão numa experiência agradável que traz consigo a oportunidade de verdadeiro crescimento.

Lidar com gatilhos e traumas no momento presente

Os gatilhos nos trazem oportunidades de aumentar nossa consciência. Eles nos indicam o que precisa de cura dentro de nós e nos alertam para o que precisa ser resolvido. O segredo para lidar com os gatilhos é treinar a pausa. Ela nos permite incluir um espaço entre a informação que desperta nossa reação emocional e nossa resposta com base nessa informação. Quando estamos reativos, agimos sem pensar, guiados basicamente pela parte menos evoluída do cérebro. Quando fazemos a pausa, convidamos a intencionalidade a entrar e temos a oportunidade de decidir a resposta mais apropriada a partir de um estado de espírito melhor. Em outras palavras, podemos escolher.

Quando notar o primeiro sinal de desconforto se remexendo dentro de você, faça uma pausa e leve a atenção para o corpo e a respiração. Relaxe os músculos conscientemente e aprofunde a respiração para se centrar. Isso permitirá que você mantenha a consciência das emoções desconfortáveis sem se apegar em excesso nem se identificar exageradamente com elas. Em seguida, visualize-se pairando acima do seu corpo, como se estivesse fisicamente numa posição que permita um ponto de vista mais amplo. A partir desse ponto de vista mais elevado, comece a se interrogar sobre os sentimentos que observa. Para referência futura, escreva num diário o que se revelar.

O QUE ESPERAR PELO CAMINHO

Cada pessoa vai vivenciar essa jornada de forma diferente, mas esse processo nunca é linear. Espere reviravoltas e surpresas, mas também inúmeros momentos de revelação que certamente surgirão. São eles que nos inspiram a continuar avançando rumo ao desconhecido. As recompensas pela dedicação e pelo trabalho duro serão maiores do que podemos imaginar, e a vida começará a se desenrolar de maneira mais rica e satisfatória, fazendo todo o esforço valer muito a pena.

Não sei dizer o que esperar em sua jornada, pois seu caminho foi feito apenas para você. No entanto, posso dizer que criei o guia perfeito para ajudar. Você vai trabalhar com afirmações que ajudam a abordar sua forma de pensar e a reformular suas antigas crenças limitantes. Neste livro também proponho exercícios e ensino algumas práticas e técnicas com as quais meus clientes tiveram muito sucesso em nossas sessões individuais. Por fim, as sugestões de escrita automática vão guiar você pelas profundezas da autodescoberta.

Estou animada e profundamente honrada de ser sua guia nesse importante trabalho. Embora, sem dúvida, haja desconforto pelo caminho, sei que o amor, a compaixão e a aceitação de si mesmo, fortalecidos por sua dedicação, serão seus maiores aliados. Vamos nessa!

Principais lições

Você já está a caminho desta nova aventura e estou muito animada por você. Vimos muitas informações neste capítulo e, antes de avançar, vamos recapitular:

- Os quatro pilares do trabalho com a sombra são: autorregulação do sistema nervoso; mentalidade; amor-próprio e aceitação radicais; perdão a si e aos outros. Ao trabalhar com cada um desses conceitos, você começa a desvelar os mistérios de seu inconsciente.

- O trabalho com a sombra é uma necessidade para quem está na jornada de crescimento e da autodescoberta. Embora o processo possa ser desconfortável e até doloroso, os benefícios que ele traz à vida fazem o tempo e o esforço valerem a pena.

- É importante se preparar para o trabalho que você fará nas sombras. Prepare-se criando um espaço que seja relaxante e confortável. Reservar tempo para relaxar a mente com práticas de respiração e atenção plena o ajudará a se manter centrado.

- Se a qualquer momento você se sentir assoberbado, busque a orientação de um profissional habilitado, como um terapeuta. Você também pode recorrer ao apoio adicional da comunidade. Nunca foi tão fácil se conectar com indivíduos que têm ideias semelhantes.

PARTE II

Colocando em prática o trabalho com a sombra

Está na hora de pôr em prática o que você aprendeu e vou ajudá-lo a encher sua caixa de ferramentas. Cada capítulo desta parte se concentra num tema específico do trabalho com o lado sombra. Nos capítulos a seguir, há afirmações, exercícios, práticas e sugestões de escrita que vão levá-lo a se entender melhor. É possível seguir a ordem dos assuntos do início ao fim ou ir pulando de forma a abordar os conceitos que, intuitivamente, forem mais atrativos para você no momento. Não há um jeito certo ou errado de acessar as ferramentas incluídas aqui.

Antes de começar, reserve um momento para fazer uma pausa e se parabenizar por ter se comprometido com esse trabalho tão profundo. Tomar essa iniciativa pode ser assustador. É muito mais fácil ficar no conforto dos antigos hábitos e rotinas, mesmo que eles não nos sirvam mais. Ao escolher este livro, você já demonstrou uma disposição proativa a criar uma mudança positiva em sua vida, uma atitude que merece meus sinceros cumprimentos. Embora lide com questões muito sérias, este trabalho também pode ser divertido se você encará-lo com a mentalidade adequada. Mergulhar na segunda parte deste livro com entusiasmo, deixando a apreensão de lado, trará leveza ao tempo que você passará na companhia de sua sombra.

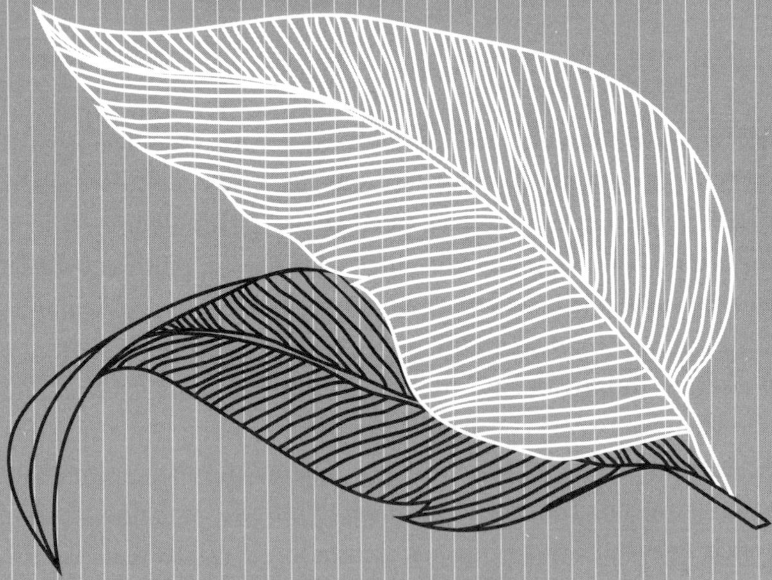

CAPÍTULO 3

Receba sua sombra com franqueza e vulnerabilidade

"A vulnerabilidade é o único estado autêntico. Ser vulnerável significa se abrir às feridas, mas também ao prazer. Estar aberto às feridas da vida significa também se abrir à beleza e às recompensas. Não mascare nem negue sua vulnerabilidade: ela é seu maior trunfo. Seja vulnerável: fraqueje e trema nas bases com ela."

– Stephen Russell

Por sua própria natureza, a vulnerabilidade é um espaço desconfortável porque muitas pessoas acreditam, com base no medo, que ser vulnerável é ser fraco – e que ser fraco nos deixa suscetíveis a possíveis feridas. Construímos muralhas para esconder o que temos de mais sensível, mas com isso também escondemos nossa beleza interior. Escolhemos mostrar as partes que achamos que serão aprovadas por quem nos cerca e diminuímos nossa luz por medo das críticas e dos julgamentos. Ao se mostrar para o mundo de forma nua e autêntica, com certeza você não agradará a todos, mas atrairá as pessoas, situações e experiências que combinam com você. Com isso, todos os aspectos de sua vida vão melhorar e você poderá expressar sua beleza sem medo.

A VULNERABILIDADE MELHORA OS RELACIONAMENTOS

Quando Carlos veio à nossa primeira sessão, lembro que estava ansioso e visivelmente desconfortável com o cenário da sessão de coaching individual para lidar com seus traumas. Ele me procurou porque se sentia perdido, desconectado, um estranho entre seus pares, atormentado pela ansiedade social sempre que comparecia a atividades em grupo. Não havia muita gente em sua vida além do irmão caçula e de sua mãe, com quem tinha um relacionamento distante. Carlos também expressou que se sentia solitário e que faltava profundidade e conexão significativa nas poucas amizades que fizera.

Depois de várias semanas de trabalho, descobrimos que a raiz de seu problema era o medo de rejeição que se originava de uma experiência na infância. Seu pai falecera quando ele era adolescente e a mãe enlutada se afastara de Carlos e passara a idolatrar o irmão dele, que era parecidíssimo com o marido morto.

Esse medo profundo tornava difícil para Carlos apresentar seu eu verdadeiro às pessoas, passando uma imagem de um homem constrangido e desconfortável, exatamente como na primeira sessão. Trabalhamos juntos para reconstruir sua confiança por meio de práticas de amor-próprio e aceitação. Pouco a pouco, Carlos começou a demolir a muralha atrás da qual ficara tantos anos escondido. Com o tempo, ele conseguiu estabelecer limites fortes e saudáveis e ter relacionamentos duradouros e muito ricos.

Vejo a rejeição como uma oportunidade de redirecionamento, porque sei que o que é para mim sempre me encontrará.

CONFRONTANDO VERDADES DESCONFORTÁVEIS

Muitas vezes, a dificuldade de ser franco e vulnerável com os outros é reflexo de uma batalha acontecendo dentro do indivíduo. Como o mundo exterior sempre espelha o interior, é essencial fazer uma introspecção com a intenção de ganhar clareza. Esse processo pode ser muito desconfortável. Nessa hora você talvez precise contar com aquela aceitação radical de si mesmo que expliquei na primeira parte do livro. Lembre-se, ninguém é perfeito. Não há necessidade de se envergonhar dos seus aspectos sombrios. Identificar esses elementos ajuda a identificar suas crenças fundamentais para que você possa mudar de comportamento conscientemente. Use a tabela a seguir para se orientar nesse processo.

O que costumo evitar olhar dentro de mim porque gera muito desconforto?	Quando levo consciência a esse elemento específico, que sentimentos vêm à tona?	Como esse hábito de evitar se reflete em meu mundo exterior?
Eu me sinto ameaçado ou com inveja quando alguém tem algo que quero para mim.	*Constrangimento, vergonha e desconforto.*	*Em geral, julgo e faço fofoca sobre a pessoa por quem me sinto ameaçado.*

CRIANDO MUDANÇAS POSITIVAS

Agora que você identificou algumas verdades desconfortáveis, está na hora de tomar a iniciativa de criar mudanças positivas. Use este espaço para escrever uma breve declaração que resuma quais atitudes vai tomar para estar no mundo de forma mais alinhada às suas crenças fundamentais. Aproveitando o exemplo anterior, eu poderia escrever: *"Quando notar a inveja surgindo, vou me treinar para me sentir alegre por aquela pessoa e lembrar que também posso ter aquelas coisas se trabalhar com afinco e fizer um plano que apoie as minhas metas."*

_____
_____
_____
_____
_____
_____
_____
_____
_____
_____
_____
_____

Leia todas as manhãs o que escreveu e mantenha sua intenção em mente no decorrer do dia. Ao revisitar essa declaração no começo do dia, seu compromisso se manterá fresco, e logo você criará um novo hábito mental positivo.

IDENTIFICANDO A RAIZ

Ir à fonte dos comportamentos com os quais você não está alinhado o ajudará a curar a ferida-raiz. Na sua opinião, qual é a causa originária das verdades desconfortáveis que acabou de descobrir? O que as tornava tão difíceis de olhar até agora? De que modo identificar essa raiz ajudará você a ser mais gentil e amoroso consigo mesmo?

PROCESSANDO A REJEIÇÃO

Como a rejeição é algo que todos nós temos que enfrentar, precisamos aprender a lidar com ela de modo saudável. Muitas pessoas têm medo da rejeição, mas ela pode ser considerada uma oportunidade de redirecionamento e um convite a experiências que combinem mais com você, embora isso raramente pareça ser verdade no momento em que a sente. O exercício a seguir o ajudará a identificar como costuma lidar com o desconforto da rejeição e entender em que aspectos seria necessário ajustar sua mentalidade. Não pense demais nas respostas. Escreva a primeira coisa que lhe vier à mente, sem se questionar. Lembre que não há respostas certas nem erradas.

Quando passo por uma rejeição, minha primeira reação costuma ser
_____.

Muitas vezes, a rejeição me faz sentir _____
_____ *em relação a mim mesmo.*

Meu medo mais profundo ligado à rejeição é _____
_____ *, e esse medo vem de*
_____
_____.

ADOTANDO UMA MANEIRA SAUDÁVEL DE ENCARAR A REJEIÇÃO

Quando você tem um amor-próprio saudável, a rejeição deixa de parecer algo tão pessoal. A partir da aceitação de si, ela se torna uma oportunidade de reavaliação e mudança. Compreender isso fica mais fácil quando abraçamos a ideia de que só queremos o que nos quiser também. Volte regularmente a esta breve prática de atenção plena para adotar uma mentalidade saudável a respeito da rejeição.

1. Encontre um lugar tranquilo e confortável onde não haja interrupções e ajuste um temporizador para dez minutos.

2. Feche os olhos e comece a se concentrar na respiração. Inspire cada vez mais profundamente e relaxe os músculos ao expirar.

3. Visualize-se dentro de uma bolha de luz branca e estabeleça a intenção de deixar suas preocupações e responsabilidades fora da bolha no curto período em que executar esta prática.

4. Comece a repetir "Quero apenas o que me queira também", em voz alta ou em silêncio, até o temporizador soar.

Você pode levar esse mantra com você e repeti-lo sempre que passar por alguma rejeição para superá-la com mais rapidez.

Pense numa ocasião em que tenha passado por uma rejeição dolorosa. Como reagiu? Em retrospecto, como essa rejeição ajudou a colocá-lo num caminho melhor? Sob qual perspectiva você poderia escolher ser grato pela rejeição sofrida?

_____
_____
_____
_____
_____
_____
_____
_____
_____
_____
_____
_____
_____

AVALIANDO OS ERROS DO PASSADO COM AMOR, COMPAIXÃO E ACEITAÇÃO

Todo mundo comete erros. Quando conseguimos admitir que vacilamos ou erramos e assumimos a responsabilidade por nossas ações, temos espaço para mudar de direção em vez de continuar cometendo o mesmo erro várias e várias vezes. Use as linhas a seguir para fazer uma curta descrição dos três maiores erros que você considera ter cometido. Quando terminar, leia cada uma em voz alta e diga "*Cometi um erro, mas não sou meu erro. Escolho me amar, me honrar e me aceitar plenamente.*" Depois que terminar, reserve um momento para observar como se sente quando escolhe avaliar os erros do passado com amor, compaixão e aceitação.

1. _____
_____
_____

2. _____
_____
_____

3. _____
_____
_____

APRENDENDO COM O PASSADO

Avalie melhor os três maiores erros que cometeu e reflita sobre o que aprendeu com cada experiência e como ela o ajudou a crescer. É possível fazer isso ao longo de alguns dias ou mesmo semanas.

_____
_____
_____
_____
_____
_____
_____
_____
_____
_____
_____
_____
_____
_____
_____
_____
_____
_____
_____
_____

FAZENDO REPARAÇÕES E ASSUMINDO A RESPONSABILIDADE

Uma das atitudes que nos deixa mais vulneráveis é admitir a alguém que erramos e assumir a responsabilidade pelo nosso erro. O ego, tomado pelo medo, resistirá, mas quanto mais você se desafiar a assumir a responsabilidade por suas ações, mais fácil isso se tornará. Nesta prática, recorde um caso recente em que tenha se envolvido numa situação conflituosa com alguém. Quando um não quer, dois não brigam; portanto, quando nos vemos em situações assim, somos sempre responsáveis por algum aspecto da situação. Identifique em que ponto você errou e escreva uma carta para a pessoa envolvida, assumindo sua parte da responsabilidade. Entregue-lhe a carta ou expresse verbalmente o que escreveu. Se, por alguma razão, isso não for possível, leia a carta em voz alta visualizando diretamente a pessoa envolvida, como se estivesse falando com ela.

Faça um brainstorming e rascunhe sua carta aqui:

_____

_____

_____

_____

_____

_____

_____

_____

_____

_____

ABRAÇANDO A SUA SINGULARIDADE

De acordo com o *Dicionário Oxford de Etimologia*, o significado original da palavra germânica *weird*, que hoje significa "esquisito", era "ter o poder de controlar o destino". Desde tenra idade, nós, seres humanos, tendemos a desenvolver o medo de sermos considerados diferentes, tanto que é frequente escondermos do mundo nossa singularidade e só permitirmos que essas partes sejam vistas por alguns escolhidos de nosso círculo mais íntimo. Ainda assim, quando nos mostramos ao mundo de forma autêntica e sem nos desculpar por isso, as portas da oportunidade começam a se escancarar. Atraímos conexões genuínas e ficamos livres para sermos nosso eu fabuloso, sem permitir que o medo do julgamento nos mantenha pequenos. Portanto, podemos controlar nosso destino quando estamos dispostos a ser autênticos. Preencha a lista a seguir, escrevendo as coisas que, em sua opinião, são unicamente suas, mas que você esconde dos outros por medo de ser considerado esquisito ou diferente. Por exemplo, pode ser que você adore cantar ou falar sozinho quando está a sós. Não se preocupe em preencher tudo; é possível aumentar a lista conforme for se lembrando das coisas.

- ☐ _____
- ☐ _____
- ☐ _____
- ☐ _____
- ☐ _____
- ☐ _____
- ☐ _____
- ☐ _____

- ☐ _____
- ☐ _____
- ☐ _____
- ☐ _____
- ☐ _____
- ☐ _____
- ☐ _____

*Não há problema em ser
meu eu autêntico.*

DESTEMIDAMENTE AUTÊNTICO

Agora que criou a lista de coisas que são unicamente suas, mas que você talvez mantenha encobertas, está na hora de treinar a autenticidade. Escolha um item de cada vez; comprometa-se a abraçar a autenticidade e permita que isso seja visto de algum modo pelos outros. Você pode escolher contar algo pessoal a alguém ou fazer alguma outra coisa. Por exemplo, se você escreveu que secretamente adora cantar, pode ser uma boa ideia ir a um karaokê. Quando terminar, risque o item de sua lista. Desafie-se: acrescente itens à lista continuamente e trabalhe com ela. Quanto mais treinar, mais confiante e à vontade você ficará com a vulnerabilidade.

Também devemos abrir espaço para os outros serem quem são, sem julgamentos, exatamente como fizemos conosco. Que qualidades "esquisitas" você condena nos outros? Como trabalhar para encarar essas coisas com mais amor e aceitação?

_____
_____
_____
_____
_____
_____
_____
_____
_____
_____
_____
_____

Principais lições

Há muitas maneiras de treinar para sermos mais vulneráveis. Seja ao admitir nossos erros, seja ao nos dispormos a derrubar as muralhas que construímos, permitir que nos vejam em nossa totalidade é o ato de bravura supremo.

- Avaliar os comportamentos que não se alinham a nosso sistema fundamental de crenças pode ser perturbador, mas também é o modo mais rápido de voltar aos trilhos e nos tornar nossa melhor versão.

- Um modo eficaz de mudar nossa mentalidade em relação à dor da rejeição é vê-la como uma oportunidade de voltar a um caminho mais alinhado a seu bem maior. Confiar no mantra "Quero apenas o que me queira também" pode ajudá-lo a efetuar essa mudança.

- Todos ouvimos dizer que é preciso grandeza para admitir que erramos. Aprender a assumir a responsabilidade pelos nossos erros de maneira confortável facilita o crescimento.

- Mostrar-se ao mundo de maneira autêntica é um ato radical de autoaceitação que cria oportunidades, melhora os relacionamentos e aprofunda seu amor-próprio.

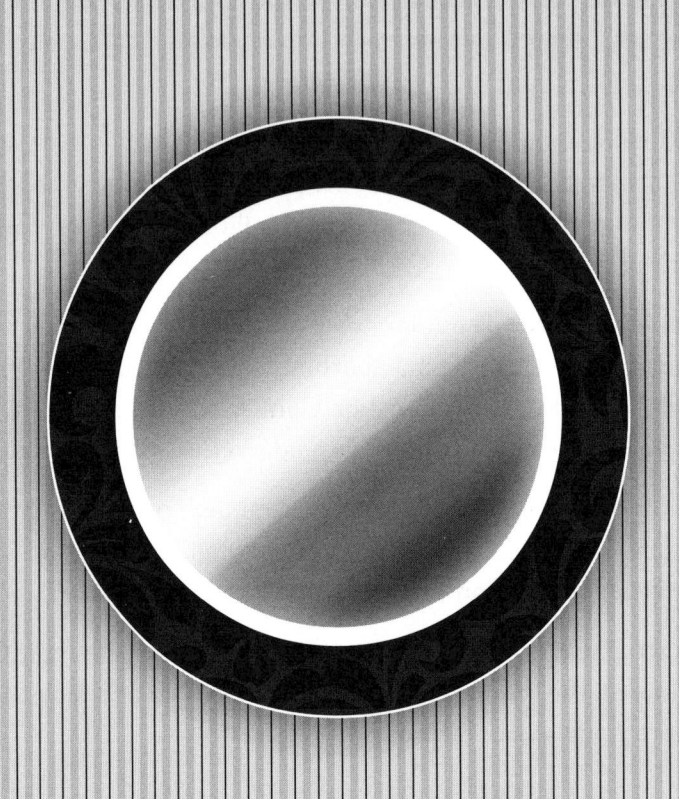

DIÁRIO

Você vê a vulnerabilidade como um ponto forte ou fraco? Por quê? Quando criança, como os adultos de sua vida reagiam aos atos de vulnerabilidade? Como as opiniões deles afetaram suas opiniões na idade adulta?

Em quem você confia a ponto de se mostrar vulnerável? Por quê? Com quem você não se sente à vontade para expressar esse lado seu? Por quê?

Quando criança, como você expressava as grandes emoções e respondia a elas? Como os adultos de sua vida reagiam quando você as expressava? Quais são as semelhanças entre o modo como você expressava e processava as emoções pesadas quando criança e a forma como o faz hoje em dia?

_____
_____
_____
_____
_____
_____
_____
_____
_____
_____
_____
_____
_____
_____
_____
_____
_____
_____

Você se sentia ouvido quando criança? Como os adultos respondiam quando você expressava ideias, pensamentos, sentimentos e preocupações? Como gostaria que respondessem e como isso o teria feito sentir? Que impacto isso teve em você depois de adulto?

O psicanalista Carl Jung acreditava que os segredos da sombra se revelam e se expressam simbolicamente nos sonhos. Para registrar o sonho assim que acordar, deixe uma caneta e este livro aberto nesta página ao lado da cama e escreva aqui os detalhes do sonho: quem estava nele, o que você fazia e por quê, e quaisquer objetos ou símbolos significativos que tenha observado.

Na sua opinião, qual é o significado do seu sonho e quais aspectos dele você considera os mais importantes? Como isso se reflete em sua vida?

Quase todo mundo tem pelo menos um sonho recorrente. Escreva sobre um dos seus. Ao fazer isso, pense em qual você acredita ser o significado oculto desse sonho. Confie na sua intuição e não se questione nesse processo de exploração.

A beleza da sua experiência está contida no desenrolar interminável da autodescoberta. Sua vulnerabilidade vai abrir você para permitir que se expanda. Como você espera evoluir ao receber seu lado sombra com franqueza e vulnerabilidade?

_____
_____
_____
_____
_____
_____
_____
_____
_____
_____
_____
_____
_____
_____
_____
_____
_____
_____
_____
_____

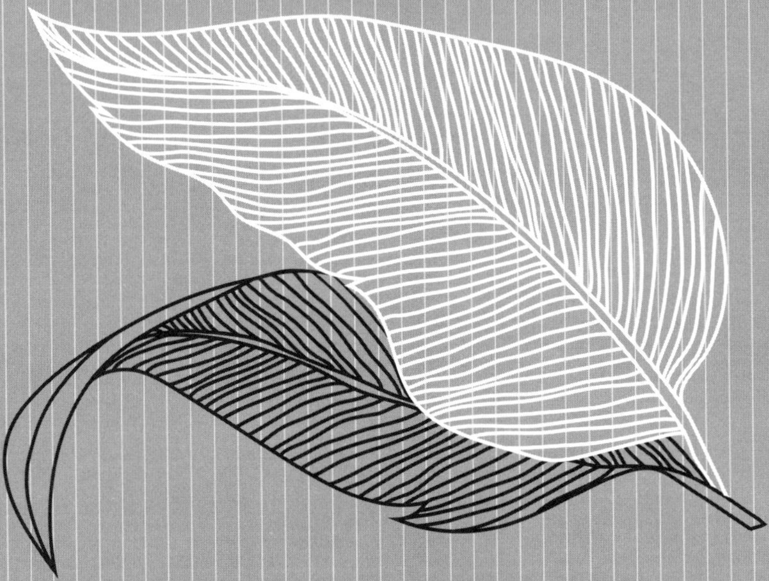

CAPÍTULO 4

Enfrente as trevas com aceitação e compaixão

Um tema significativo deste livro como um todo é a importância de aprender a testemunhar seus aspectos sombrios com aceitação, amor e compaixão. Isso exige explorar muitas camadas de pensamento condicionado para revelar intenções inconscientes, ocultas e desatualizadas. Esse tipo de avaliação permitirá que se chegue a um ponto em que a aceitação radical de si será natural.

A vergonha profundamente arraigada e outras narrativas inconscientes centradas em experiências dolorosas do passado frequentemente terão que ser resolvidas antes que você consiga sinceramente acreditar que é digno de receber amor – tanto de si mesmo quanto dos outros. O empoderamento vem com a capacidade de estar frente a frente com a sua sombra, armado da energia da aceitação radical, não só de si mesmo, mas de suas experiências em geral. Seus aspectos sombrios lhe oferecem as oportunidades mais incríveis de crescimento. Entender isso libera toda a resistência e lhe permite desenvolver uma apreciação genuína tanto da luz quanto das trevas que formam o todo que você é.

Neste capítulo, você vai trabalhar com esse conceito de dualidade e jogar luz nos lugares escuros com aceitação amorosa para reduzir o desconforto à medida que for explorando e integrando todas as partes de seu ser.

Como a aceitação radical de nós mesmos nos ajuda a curar nossa vida

A vergonha e a incapacidade de se perdoar podem fazer você se sentir preso num círculo vicioso de autossabotagem e dificultar a adoção de um estilo de vida saudável. Em geral, isso acontece por causa de algum bloqueio inconsciente que aparece sob a forma de uma narrativa interior de autoaversão, afirmando constantemente sentimentos de falta de valor.

Vejamos Elizabeth, por exemplo. Ela foi vítima de abuso sexual na infância e nunca havia abordado essa questão. Transformou-se numa adulta que acreditava haver algo inerentemente errado com ela. Usava drogas e álcool para entorpecer a dor emocional e silenciar os pensamentos intrusivos, com um estilo de vida cheio de caos e conflito.

Certo dia, ela não aguentou mais o sofrimento de sua experiência e se comprometeu a abordar o abuso que sofrera na infância. Elizabeth começou a identificar que essa ferida aberta a levava a prejudicar a si mesma e às pessoas que a amavam. Com isso, ela também teve que encarar de maneira franca e dolorosíssima o fato de ter causado dor e machucado os outros com seu abuso de drogas.

Depois de muito processamento verbal e de trabalho de autoaceitação com Elizabeth, criei um plano que envolvia terapia cognitivo-comportamental (TCC) para ajudá-la a desenvolver padrões de pensamento mais saudáveis. Com o tempo, ela se perdoou, e isso lhe permitiu sair da adição ativa e entrar na cura ativa.

O PODER DA GRATIDÃO

Sem a perspectiva adequada, você corre o risco de se identificar em excesso com sua sombra e cair no arquétipo da vítima. Apoiar-se na gratidão o ajudará a desenvolver uma mentalidade saudável e positiva capaz de conduzi-lo ao longo deste trabalho. Criar o hábito de agradecer facilitará o processamento de experiências desconfortáveis ou traumáticas antes que as emoções negativas tenham a chance de infeccionar e criar o caos no seu inconsciente. Não estou sugerindo desviar das emoções negativas. Em vez disso, é possível honrar sua experiência *e ao mesmo tempo* elaborá-las.

Há cerca de um ano, passei por um rompimento inesperado e dolorosíssimo com meu noivo. Hoje, com muito tempo e espaço desde a situação, estou cheia de gratidão pelo modo como tudo se resolveu. Criei muito espaço para o processo de luto e me envolvi plenamente com cada emoção pesada que surgiu – tristeza, pesar e raiva. Também acordava todas as manhãs com o compromisso de sentir gratidão pelas muitas coisas que estavam dando certo em minha vida. Essa prática diária me manteve ancorada em minha perspectiva mais elevada e me permitiu fazer escolhas saudáveis à medida que eu processava o trauma.

Neste exercício, quero que recorde uma experiência dolorosa do passado e considere de que modo essa experiência foi benéfica para você. Use este espaço para escrever o que lhe vier à mente.

_____

_____

_____

_____

Embora tenha sido muito doloroso, sinto gratidão por _____

_____

_____ , *porque isso me ajudou a entender*

_____ .

INCORPORANDO A ENERGIA DA GRATIDÃO

Peço a todos os clientes com quem trabalho que incorporem à sua rotina alguma prática diária de gratidão. Você também deveria fazer isso. Quando cria hábitos matinais e noturnos centrados na gratidão, você nota como sua mente naturalmente gravita para a apreciação das coisas entre um momento e outro. Essa é uma prática muito transformadora que pode operar verdadeiros milagres.

É bom ter um caderno ou diário específico para essa prática da gratidão. Todas as manhãs, antes de olhar o celular ou começar o dia, escreva cinco coisas pelas quais você se sente grato. Se possível, detalhe a razão de cada uma delas e como beneficiam sua vida. Quando terminar, leia cada uma em voz alta e intencionalmente sinta o máximo possível de gratidão.

À noite, logo antes de se deitar, responda às seguintes perguntas e registre as respostas em seu diário:

1. Quais foram minhas três vitórias de hoje?
2. Como a abundância se mostrou para mim hoje?
3. Por qual acontecimento de hoje eu me sinto grato?

A maior parte da população mundial vive em sociedades privilegiadas em comparação a nossos ancestrais, que abriram caminho com bravura para muitas das coisas que hoje facilitam a nossa vida. Coisas como saneamento básico e acesso a alimentos passam despercebidas, pois entendemos que sempre estarão disponíveis. No espaço a seguir, escreva sobre algo de sua vida a que você não dava o devido valor e por que se sente grato por essa coisa existir.

_____

_____

_____

_____

_____

ABRAÇANDO O AMOR-PRÓPRIO COMO ESTILO DE VIDA

Agora que dedicou algum tempo a refletir sobre o relacionamento que tem consigo mesmo, está na hora de explorar como será seu autocuidado e de que atividades você mais gosta. O amor-próprio é muito mais do que autocuidado, mas, quando nos cuidamos, afirmamos esse amor por meio da ação. Incorporar essa camada ao trabalho com a sombra é uma ótima maneira de conseguir conforto quando as emoções desagradáveis vierem à tona.

Use esta lista para se inspirar, experimentar novas maneiras de se cuidar e criar uma prática de autocuidado mais consistente:

- ☐ Tirar um cochilo
- ☐ Ler um livro
- ☐ Encontrar um novo hobby e se dedicar a ele
- ☐ Criar e impor limites para estabelecer um tempo só para você
- ☐ Dizer "não" ao que você não quer fazer, sem culpa
- ☐ Mimar a si mesmo
- ☐ Passar um tempo de qualidade com as pessoas que você ama
- ☐ Mover o corpo (por exemplo, com caminhadas, yoga ou dança)
- ☐ Beber mais água
- ☐ Dormir mais e/ou criar uma rotina de sono saudável
- ☐ Tirar um dia de descanso para não fazer nada
- ☐ Fazer exercícios de respiração
- ☐ Meditar
- ☐ Tomar sol
- ☐ Fazer consistentemente as coisas que lhe dão alegria

EXPLORANDO O AUTOCUIDADO

O que o autocuidado significa para você e quais crenças limitantes você tem em torno desse tema? Por exemplo, você se sente culpado quando reserva um tempo só para si ou acha que não tem tempo suficiente para descansar? Até que ponto o autocuidado é uma prioridade e com que frequência você se entrega a ele?

O AUTOCUIDADO NA PRÁTICA

Dê o primeiro passo. Na próxima semana, mergulhe nesse tema e se comprometa a realizar pelo menos um ato de autocuidado por dia. Use o espaço a seguir para planejar sua jornada de sete dias. Ao completá-la, avalie de que modo a prática do autocuidado afetou a forma como você se sente a respeito de si mesmo e do mundo. Escreva sobre isso no espaço disponível. Se achar o resultado positivo, eu o incentivo a continuar essa prática.

1º Dia: _____

2º Dia: _____

3º Dia: _____

4º Dia: _____

5º Dia: _____

6º Dia: _____

7º Dia: _____

_____

_____

_____

_____

_____

_____

_____

_____

*Sou merecedor do tempo que
dedico ao autocuidado.*

PROCESSANDO AS EMOÇÕES QUE VÊM À TONA AO LIDARMOS COM A SOMBRA

Entre as grandes emoções que tendem a vir à tona no decorrer do trabalho com a sombra estão a culpa, o pesar, a raiva e a vergonha – para citar apenas algumas. Em termos gerais, são aqueles sentimentos desconfortáveis que, se pudéssemos, escolheríamos não ter que sentir. Evitar as emoções difíceis pode criar muito mais sofrimento a longo prazo, e é útil saber processá-las quando elas aparecerem.

É impossível simplesmente superá-las. Varrê-las para debaixo do tapete e se concentrar em outra coisa não as faz desaparecer de verdade. Precisamos elaborar nossos sentimentos e aprender a entendê-los para realmente nos libertar do domínio que têm sobre nós.

Na próxima vez que observar uma emoção difícil, estes passos o ajudarão a processar o sentimento.

1. Reconheça que a emoção está vindo à tona. Não tente resistir; permita-se experimentar o sentimento plenamente.

2. Evite julgar a si mesmo ou a emoção.

3. Tenha curiosidade e se pergunte por que essa emoção está vindo à tona e o que ela tenta mostrar sobre você ou sobre a sua experiência da vez.

4. Reflita sobre o que você aprendeu quanto à causa desse sentimento pesado. Você pode fazer isso registrando seus pensamentos no diário ou conversando sobre eles com um confidente fiel.

ETAPAS PARA PROCESSAR GRANDES EMOÇÕES

1º passo: Dedique-se à observação sem julgamento: Você experimenta suas emoções, mas *não é* suas emoções. Em termos de energia, faz uma imensa diferença dizer algo como "Estou sentindo raiva", observando a emoção como algo que você sente, sem se identificar com ela, embora reconheça sua presença. A parte mais importante dessa etapa é não fazer nenhum julgamento. Tudo bem sentir suas emoções, inclusive as pesadas.

2º passo: Identifique a fonte original: Em geral, sentimentos como depressão, ansiedade, culpa, vergonha e raiva são uma manifestação de uma ferida-raiz, assim como a febre é sintoma de um problema de saúde subjacente mais grave. Ao permanecer sem julgamento e curioso em sua observação, você consegue começar a rastrear o sentimento até sua fonte. Concentrar-se no que o provocou ou no momento em que o notou pela primeira vez lançará luz sobre essa fonte.

3º passo: Cure a ferida-raiz: Depois de descobrir por que se sente assim, você pode começar o processo de cura da ferida de origem. Há muitas maneiras de fazer esse trabalho interior, dependendo do problema específico. Você encontrará neste livro muitos exercícios e práticas para escolher, dependendo de suas necessidades. Lembre-se: se as feridas parecerem maiores do que você, tudo bem pedir ajuda. Dependendo da gravidade do que você estiver elaborando, pode ser necessário procurar um profissional.

4º passo: Dê uma pausa para aproveitar o benefício do seu trabalho duro: O último passo é apreciar as recompensas do trabalho duro que você fez e comemorar a cura. Não fique preso nas sombras. Esse trabalho não deve ser feito todo de uma vez. Trata-se de um processo vitalício projetado para nos ajudar a seguir adiante dando pequenos passos sustentáveis.

O trabalho com a sombra tem um impacto mais significativo quando é feito aos poucos, conforme necessário. Pode ser muito fácil sentir que o trabalho de cura nunca acaba – e, em certa medida, é verdade que sempre há mais cura pela frente. Mas ele deve ser contrabalançado com a luz. As pausas permitem integrar adequadamente o que você aprendeu. Seu estado natural é de alegria, amor e paz. Depois de trabalhar tanto para cultivar essa energia, permita-se a oportunidade de simplesmente aproveitar.

EXPLORE SUA REAÇÃO ÀS GRANDES EMOÇÕES

Circule os exemplos que melhor descrevem o modo como você reage às grandes emoções.

Diante de uma experiência dolorosa, tendo a:	Quando fico sem graça, tendo a:	Quando estou com raiva, tendo a:
Perguntar "por que eu?"	Ficar obcecado	Xingar
Tentar entender as lições	Evitar	Fugir
Me fechar	Me esconder	Me fechar
Entrar em ação	Projetar	Atacar
Gritar	Negar	Reagir na hora
Vocalizar	Assumir a responsabilidade	Parar e escolher como responder
Internalizar	Rir de mim mesmo	Perder o controle
Chorar	Me odiar	Me manter centrado

RESPONDENDO AOS SENTIMENTOS

Como você costuma reagir aos sentimentos desconfortáveis quando eles aparecem? Seria possível escolher um modo mais saudável de confrontar as grandes emoções e seguir em frente?

_____
_____
_____
_____
_____
_____
_____
_____
_____
_____
_____
_____
_____
_____
_____
_____
_____
_____
_____

Sinto-me seguro para sentir minhas emoções plenamente. Eu as recebo sem julgamento e com curiosidade.

CULTIVANDO UM RELACIONAMENTO SAUDÁVEL CONSIGO MESMO

Tendemos a ser nosso pior crítico. Chegar a um estado em que possamos ser gentis e carinhosos com nós mesmos, amando as partes confusas e tudo o mais, é uma habilidade que se aprende. Use este espaço para avaliar se você precisa se concentrar em melhorar a relação que tem consigo mesmo.

Liste três coisas que você ama em si mesmo:

1. _____
2. _____
3. _____

Achei _____ *pensar nas três coisas que amo em mim.*

☐ Fácil

☐ Um pouco desafiador

☐ Difícil, mas acabei conseguindo

☐ Ainda não pensei nisso

Como se sente atualmente em relação a si mesmo (numa escala de 1 a 10, em que 1 significa não muito bem e 10, excelente)?

| 1 | 2 | 3 | 4 | 5 | 6 | 7 | 8 | 9 | 10 |

Cite três críticas severas que você faz a si mesmo.

1. _____
2. _____
3. _____

Cite três palavras que você usaria para descrever a si mesmo.

1. _____

2. _____

3. _____

DEIXANDO AS VELHAS IDEIAS PARA TRÁS

Examine as três críticas severas que listou no exercício anterior. O que você precisa fazer para se libertar delas? Por exemplo, precisa se perdoar por alguma coisa? Talvez você descubra que é muito duro consigo mesmo. Se conseguisse abandonar completamente essas ideias, qual passaria a ser a percepção que tem de si mesmo?

LIBERTANDO-SE DO JULGAMENTO PELO MÉTODO COGNITIVO-COMPORTAMENTAL

Muitas das crenças negativas que formamos sobre nós resultam de narrativas inconscientes desatualizadas que vêm de experiências dolorosas do passado. Por meio do método cognitivo-comportamental, é possível reprogramar o cérebro e adotar um jeito mais saudável de pensar.

O cérebro sempre escolhe o caminho de menor resistência. Se você pensar de determinado jeito por muito tempo, ele vai preferir continuar pensando assim. Os antigos pensamentos se tornam hábitos mentais por meio da repetição. A TCC permite reconfigurar conscientemente o modo como o cérebro pensa através da criação de novas vias neurais. Em no mínimo 21 dias, é possível criar novos padrões automáticos de pensamento. Basicamente, com esse método você escolhe como quer que seu cérebro funcione e cria essas vias no cérebro biológico fisicamente com base no pensamento positivo repetitivo. Na minha opinião, é como um passe de mágica.

1º passo: Identifique o pensamento hostil que cria o julgamento contra o eu.

2º passo: Crie um pensamento amoroso para substituir o não amoroso. Deve ser um mantra curto que você consiga recordar e repetir com facilidade.

Use seu mantra toda vez que notar que começou a se julgar ou ser hostil consigo mesmo. A princípio, você vai notar que precisa usar o mantra constantemente; mas, em pouco tempo, recorrerá cada vez menos a ele, porque seus sentimentos começarão a tender naturalmente para a positividade do mantra, sem esforço consciente.

Principais lições

O relacionamento que você tem consigo mesmo dá o tom de todos os outros relacionamentos na sua vida. Por isso, este é um tópico importantíssimo a abordar. Quanto mais nos amamos e aceitamos, mais somos capazes de dar e receber amor dos outros.

- A tendência à gratidão serve de base para a mentalidade saudável e positiva que ajudará você a passar pelo desconforto do trabalho com a sombra.

- Incorporar o autocuidado ao trabalho com a sombra é ótimo para você se acalmar diante das emoções desconfortáveis que provavelmente virão à tona.

- Evitar as grandes emoções como tristeza, raiva, ressentimento e culpa pode criar muito mais sofrimento a longo prazo. Por isso, é vital fazer o trabalho necessário com a sombra para processar essas emoções de modo saudável.

- Ser gentil e afetuoso consigo mesmo é uma habilidade aprendida que deve ser cultivada com dedicação para alcançarmos um relacionamento mais saudável com nós mesmos.

- Muitas crenças negativas sobre nós mesmos resultam de narrativas inconscientes desatualizadas que vêm de experiências dolorosas do passado. Podemos usar ferramentas como a TCC para substituí-las e criar padrões de pensamento mais saudáveis.

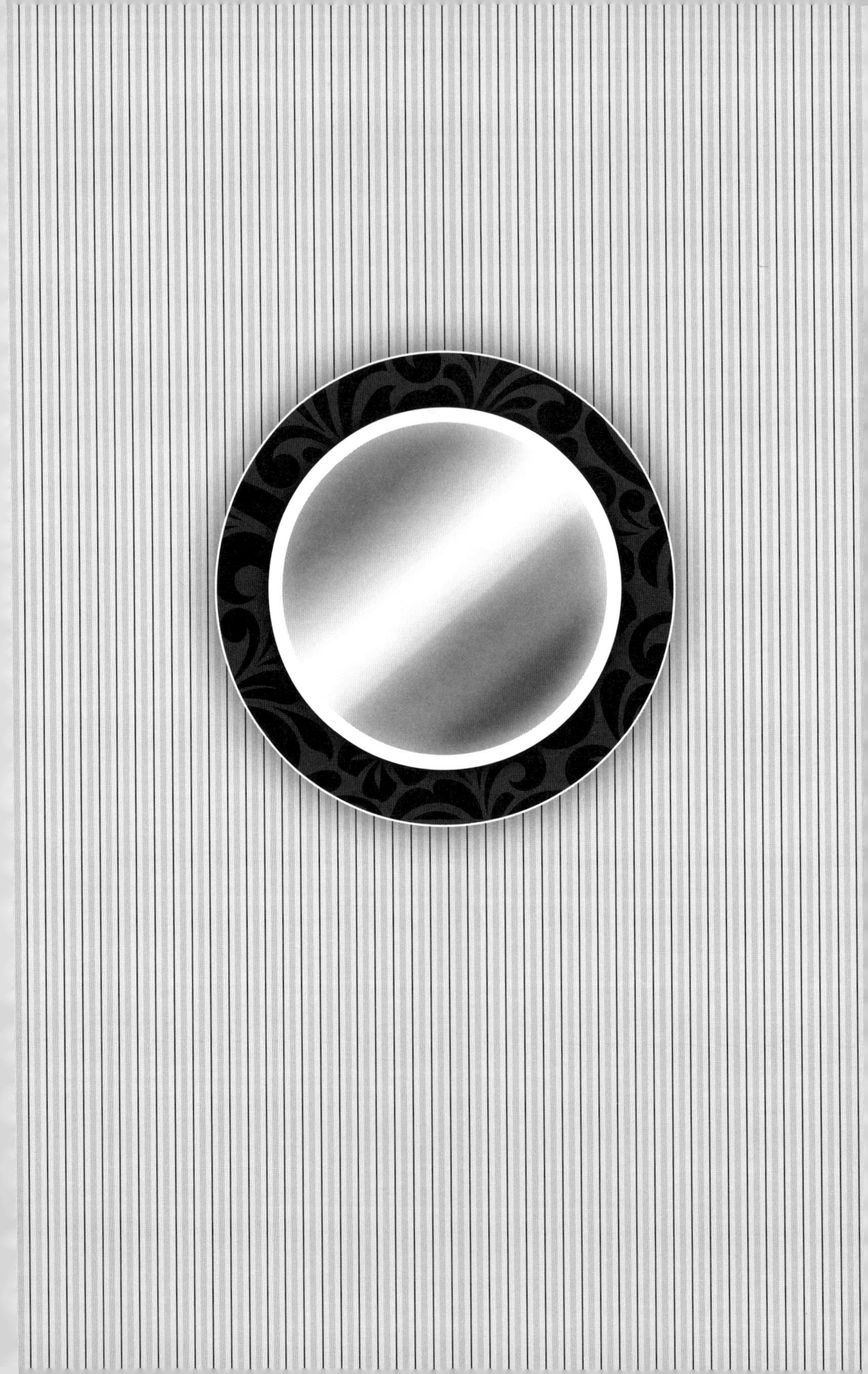

DIÁRIO

Livrar-se da vergonha pode ser dificílimo, porque em geral ela surge disfarçada de pensamentos autodepreciativos. Mas agarrar-se a ela não deixa espaço para o crescimento. Em outras palavras: em vez de nos expandir, ela nos restringe. Devido ao apego da vergonha a outras emoções desconfortáveis como a culpa e a humilhação, o ego prefere não pensar nas circunstâncias associadas a ela. Use o espaço disponível a seguir para escrever sobre uma experiência vergonhosa do passado e identifique a narrativa que você criou em torno dela.

O que você teria que fazer para deixar os sentimentos de vergonha para trás? Seria necessário perdoar a si mesmo? Parar de assumir a culpa por coisas que não foram responsabilidade sua? Como faria para ser mais gentil e compassivo consigo mesmo? Por que sente que precisa se agarrar a esses sentimentos?

Como se sentiria se desse a si mesmo permissão para simplesmente deixar de lado a vergonha que você formou em torno da sua experiência passada? Como seu pensamento mudaria? Dê a si mesmo permissão para crescer e deixar para trás a vergonha que atrela você a uma versão sua do passado.

A integração da sombra não tem o objetivo de eliminá-la. Ela é uma professora sagrada. Quanto mais você ama e aceita todos os aspectos de seu ser, mais se torna capaz de acessar os ensinamentos da sua sombra e colocar em prática as lições que aprendeu. Use esta página para refletir sobre as coisas a seu respeito que você ainda tem dificuldade de aceitar e os sentimentos que surgem em torno delas.

Se outra pessoa tivesse as características que você descreveu na página anterior, você acharia impossível amá-la? Por que ou por que não? Se não, por que você acha que consegue aceitar essas coisas nos outros mas tem dificuldade de aceitá-las em você? Como ser mais amoroso em relação às suas imperfeições?

_____
_____
_____
_____
_____
_____
_____
_____
_____
_____
_____
_____
_____
_____
_____
_____
_____

Tudo em sua experiência serve ao propósito superior de lhe dar apoio e oferecer lições que podem engrandecer a sua vida. Entender essa verdade fundamental vai ajudá-lo a lidar com a sombra de um jeito que facilitará a cura e o crescimento. Quais lições você acha que sua sombra será capaz de lhe ensinar? Como elas facilitariam a cura e o crescimento?

_____

_____

_____

_____

_____

_____

_____

_____

_____

_____

_____

_____

_____

_____

_____

_____

_____

_____

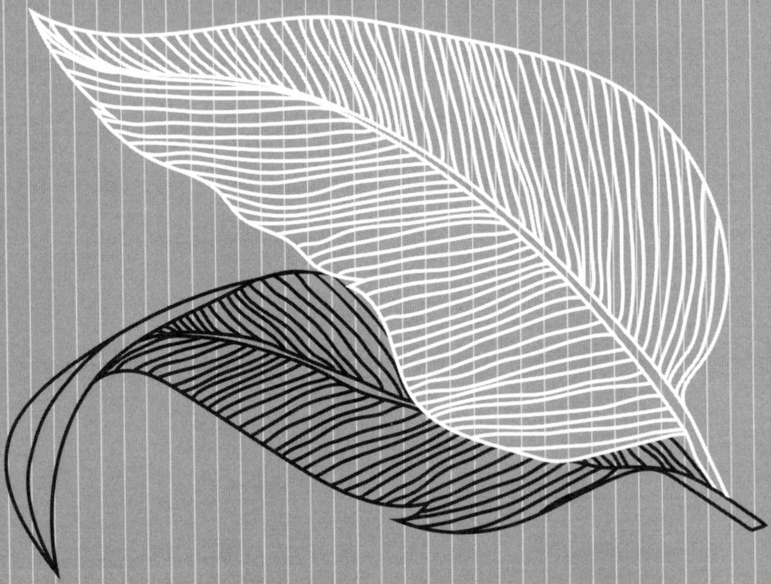

CAPÍTULO 5

JOGUE LUZ SOBRE SUAS CRENÇAS LIMITANTES E AS COLOQUE EM XEQUE

Não acredite em tudo que você pensa. Uma crença não passa de um pensamento repetido consistentemente a ponto de nos apegarmos e nos identificarmos com ele. Às vezes ela resulta de um pensamento condicionado e pode se desenvolver a partir de experiências dolorosas do passado.

Raramente temos consciência das narrativas que correm nas profundezas do inconsciente. Ainda assim, esses pensamentos causam um impacto significativo sobre nossa vida, criando a lente através da qual vemos todas as experiências exteriores, e afetam a maneira como nos sentimos a respeito de nós mesmos, dos outros e do mundo que nos cerca. Se as correntes do inconsciente forem autodepreciativas, pessimistas ou destrutivas, você pode se ver preso a padrões tóxicos e se sentir impotente para se libertar. Neste capítulo, vou guiá-lo até a clareza, ajudando-o a descobrir os pensamentos subjacentes que moldam a sua vida e colocando-o de volta no controle por meio da consciência e da intencionalidade. Parte do trabalho mais vital a ser feito nas sombras envolve jogar luz sobre suas crenças limitantes e reescrever sua história. E é exatamente isso que você aprenderá neste capítulo.

Como as crenças limitantes moldam as nossas experiências

A maior parte do meu trabalho como coach se baseia em ajudar meus clientes a identificarem e abordarem suas crenças limitantes. Um dos bloqueios coletivos mais comuns gira em torno do dinheiro; por isso, muitos clientes me procuram para ajudá-los a entender seu pensamento condicionado e adotar uma mentalidade de abundância.

Vejamos o caso de Tracy, por exemplo. Ela me procurou inicialmente porque tinha dificuldades com a síndrome do impostor e achava que isso impedia o sucesso de seu negócio. Para os que não conhecem esse fenômeno, síndrome de impostor é quando nos sentimos uma fraude, e isso abala nossa confiança, torna mais difícil assumirmos plenamente nosso poder e nos apequena.

Depois de algumas sessões juntas, percebi que as questões de Tracy eram muito mais profundas. Ela tinha uma crença limitante arraigada que lhe dizia que querer ter dinheiro era egoísmo, ganância e, em termos gerais, algo ruim. Obviamente, essa mentalidade não é uma boa base para quem está tentando montar uma empresa. Identificamos juntas essa crença limitante por meio de uma técnica que criei e vou lhe ensinar neste livro. Quando chegamos à causa da síndrome do impostor, trabalhamos para mudar sua mentalidade em relação ao dinheiro e, naturalmente, ela ficou mais confiante e segura em seu trabalho. O novo ponto de vista lhe permitiu finalmente obter lucro e, em consequência, a empresa prosperou em todas as áreas.

JOGANDO LUZ SOBRE O PENSAMENTO INCONSCIENTE

O primeiro passo ao lidarmos com nossa mentalidade é assumir, sem julgamento, o papel de observador da nossa atual disposição mental. Afinal, como saber por onde começar se você não tem a clareza necessária para saber o ponto em que está agora? Como a imensa maioria de nossos pensamentos acontece fora da consciência, pode ser desafiador identificar exatamente o que está ocorrendo. Felizmente, todos temos uma ferramenta interior para nos ajudar nesse processo.

As emoções são a janela do inconsciente. Ao observar as mudanças emocionais e parar para examiná-las, você começa a lançar luz sobre os aspectos obscuros do seu inconsciente. Dedique pelo menos uma semana para registrar suas observações. Isso o ajudará a reconhecer com rapidez quaisquer temas ou padrões comuns. Permaneça sem fazer julgamentos e aborde este exercício com curiosidade. Você vai trabalhar com três perguntas centrais para explorar seu estado emocional.

Use a tabela a seguir para se orientar ao longo do processo. Talvez seja melhor continuar esse trabalho num diário, pois provavelmente fará vários registros ao dia. Não se preocupe em mudar ou ajustar sua mentalidade agora. Neste momento, o objetivo é apenas observar, nada mais.

Qual é a mudança emocional observada?	Que fatores externos, se houver, contribuíram para ela?	Quais foram seus pensamentos enquanto a mudança ocorria?

REESCREVENDO SUA HISTÓRIA

Não avance para a segunda etapa deste processo sem antes passar pelo menos uma semana dedicando-se a prestar atenção nas suas mudanças emocionais e registrá-las. Depois disso, você deverá ter uma imagem clara dos pontos em que será necessário concentrar sua atenção. O passo seguinte é reescrever sua história e criar uma nova narrativa que lhe seja útil e lhe dê apoio. Processe uma narrativa de cada vez e dê a si mesmo o espaço necessário para que a nova história seja plenamente integrada. Esse processo contínuo pode levar várias semanas e até meses para ser elaborado.

Qual é a crença limitante ou narrativa tóxica que você descobriu?

Exemplo: *A crença limitante de Tracy era que o dinheiro era a raiz de todo mal e que era errado querer atraí-lo com seu trabalho.*

_____

_____

_____

_____

Agora está na hora de reescrever sua história. Leia regularmente o que escreveu para integrar a nova narrativa à mente inconsciente.

Exemplo: *A nova história que Tracy e eu trabalhamos juntas para criar afirmava que ela merecia ser apoiada em seu trabalho para ajudar mais pessoas ainda, e que ela precisava satisfazer as próprias necessidades para estar à disposição dos clientes de modo saudável. Também criamos uma narrativa que dizia que era bom para ela ter dinheiro porque o usaria de forma positiva para beneficiar a si mesma, sua família, os clientes e a comunidade.*

_____

_____

*Escolhi observar meus pensamentos
com amor, aceitação e curiosidade,
sem qualquer julgamento.*

MENTALIDADE DE CRESCIMENTO *VERSUS* MENTALIDADE FIXA

Em geral, os indivíduos com mentalidade de crescimento acreditam que, com tempo e esforço, são capazes de aprimorar todas as habilidades que quiserem. Eles tendem a ver o fracasso como uma oportunidade de crescimento e entendem a importância da consistência e da determinação para cumprir as próprias metas. Além dessas qualidades, os que adotam a mentalidade de crescimento estão abertos à exploração e à contemplação dos novos conceitos e ideias que lhes são apresentados.

O oposto da mentalidade de crescimento é a mentalidade fixa. Os indivíduos com mentalidade fixa têm a crença limitante de que não são capazes de ir além das próprias circunstâncias em direção a um resultado mais desejável, o que acaba tolhendo seu processo de desenvolvimento.

A maioria das pessoas fica em algum ponto da área cinzenta entre esses dois extremos. O exercício a seguir o ajudará a ter uma ideia clara de até que ponto sua mentalidade é fixa ou de crescimento. Marque as afirmativas a seguir que *melhor* descrevem seu pensamento atual.

Mentalidade de crescimento	Mentalidade fixa
Acredito que os erros são oportunidades de aprender e se adaptar.	Eu me sinto desanimado, e às vezes até envergonhado, quando cometo um erro.
Gosto de ser desafiado.	Acho os desafios difíceis demais para mim e tento evitar tarefas e metas complexas.
Ver o sucesso dos outros me inspira.	Eu me sinto ameaçado e às vezes até com inveja quando os outros têm sucesso.
Estou aberto a considerar novas ideias que possam contradizer meu sistema de crenças atual.	Acho importante estar certo e não estou aberto a considerar visões contrárias.
Aceito de bom grado as críticas construtivas.	Fico facilmente ofendido com críticas construtivas.

Mentalidade de crescimento	Mentalidade fixa
Gosto de abordar projetos complicados e tendo a estabelecer metas elevadas para mim.	Tendo a evitar situações em que não tenho certeza de algo ou que não conheço bem.
Já fui derrubado várias vezes, mas sempre me levanto e continuo me esforçando para avançar.	Abandono os projetos ou desisto facilmente das metas quando sinto que não estou progredindo.
Consigo me motivar com facilidade.	Preciso da validação dos outros para me manter motivado.
Quando algo não sai como eu esperava, consigo ser flexível e desenvolver soluções criativas.	Quando algo não sai como eu esperava, tendo a desistir.

LIÇÃO APRENDIDA

Use este espaço para escrever sobre um erro que você cometeu no passado. Que lição aprendeu com essa experiência e como ela o ajudou a avançar com uma perspectiva diferente?

ABRACE O DESAFIO

Esta prática vai ajudá-lo a cultivar uma mentalidade de crescimento por meio da busca ativa de desafios em sua vida. Comprometa-se com um novo desafio ou estabeleça uma nova meta por semana nas próximas seis semanas. No início de cada semana, escolha qual será a meta ou o desafio e o escreva no espaço abaixo.

	Desafio
1ª semana	
2ª semana	
3ª semana	
4ª semana	
5ª semana	
6ª semana	

*Considero o desafio uma
oportunidade de crescimento.*

TRABALHANDO COM O EGO

Na raiz das crenças limitantes está a voz assustadora do ego. Criar um relacionamento sólido com seu ego e aprender a acalmá-lo e confortá-lo o ajudará a desfazer as crenças limitantes de forma orgânica e amorosa. Mas, antes disso, é preciso ter clareza e identificar seus medos. Use o espaço a seguir para escrever ou desenhar seus medos mais comuns (como o medo de ser rejeitado ou o medo do fracasso).

TRÊS PASSOS PARA ACALMAR O EGO

É bom recorrer a esta prática quando você se vir diante de um gatilho, ao se sentir rejeitado, competitivo, indigno ou emocionalmente carente e ao julgar os outros.

1º passo: Reconheça o ego de maneira amorosa e identifique a mensagem que ele está transmitindo por meio de sua resposta emocional.
Exemplo: *Estou zangado e envergonhado por ter sido preterido numa promoção que me esforcei muito para conseguir. Estou com inveja do colega que recebeu a promoção e sinto que não o considero tão preparado quanto eu para este cargo.*

_____

_____

_____

_____

_____

2º passo: Aborde o medo-raiz e pergunte ao ego por que ele está com medo.
Exemplo: *Sinto medo de não ser bom o bastante no meu trabalho e temo nunca mais ter outra chance de ascender profissionalmente.*

_____

_____

_____

_____

_____

3º passo: Tranquilize o ego.

Exemplo: *Sei que é decepcionante, mas isso não reflete meu valor. O que é para mim sempre me encontrará, e posso deixar isso para lá por saber que algo melhor está reservado para mim.*

_____

_____

_____

_____

_____

REFORMULANDO AFIRMAÇÕES LIMITANTES

O modo como nos expressamos é um bom indicativo de nosso diálogo interior. Por exemplo, alguém que afirme regularmente que não consegue fazer alguma coisa pode ter uma opinião limitante sobre a própria capacidade de realização. Ou alguém que faça piadas sarcásticas em relação a si mesmo pode ter uma crença arraigada sobre o próprio valor. Examinar o tom de seu discurso e as palavras com que escolhe se exprimir é uma ferramenta maravilhosa para identificar crenças limitantes ocultas. Aqui você encontrará uma lista de afirmações limitantes. Use o espaço ao lado de cada uma para escrever uma afirmação reformulada e mais positiva.

Afirmação limitante	Afirmação reformulada
Exemplo: Não consigo...	*Exemplo: Tudo é possível com trabalho, dedicação e um bom plano.*
Por que me esforçar? De que adianta?	
Quem se importa?	
Detesto...	

Afirmação limitante	Afirmação reformulada
Não aguento mais!	
É difícil demais...	
Não dá tempo. Não consigo correr atrás do prejuízo.	
A vida é difícil...	

SUA NARRATIVA INTERIOR

Quais são suas afirmações limitantes mais comuns e como elas refletem sua narrativa interior? Reformule-as para que se tornem mais úteis e as escreva abaixo.

MEDITAÇÃO DA AFIRMAÇÃO POSITIVA

O primeiro passo do processo é silenciar o falatório interior com exercícios de respiração. Marque três a cinco minutos no temporizador e siga estas instruções.

Inspire pelo nariz contando cinco segundos; depois, expire lentamente pelo nariz contando seis segundos. Alongar a expiração dessa maneira diz ao cérebro para desacelerar e acalma o sistema nervoso.

Depois de fazer alguns minutos dessa respiração e começar a se sentir calmo e contente, comece a repetir uma série de afirmações positivas, mentalmente ou em voz alta. Use algumas das apresentadas a seguir ou crie as suas:

- A vida é fácil quando permito que ela seja.
- Eu me amo e me valorizo.
- Sou merecedor de tudo o que desejo.
- Consigo realizar qualquer coisa que decidir fazer.
- O que é para mim sempre me encontrará.
- Estou feliz com o ponto em que estou e empolgado para descobrir para onde estou indo.
- Tenho muito a agradecer.
- A vida é bela quando me disponho a vê-la desse jeito.
- Sou o criador da minha experiência.
- Há muita bondade no mundo.
- Confio na virtude dos outros.
- Tenho todo o apoio de que preciso.
- _____
- _____
- _____

Principais lições

Jogar luz sobre as crenças limitantes e colocá-las em xeque é um processo para a vida inteira, pois novas ideias se formam com base em nossas experiências passadas e presentes. Eis aqui alguns pontos essenciais discutidos neste capítulo:

- O primeiro passo para lidar com a mentalidade é a observação da atual disposição mental sem julgamentos. Essa autoavaliação levará a atenção ao que precisa ser resolvido internamente.

- As suas emoções são a janela do inconsciente. Ao observar as mudanças emocionais e fazer uma pausa para examiná-las, você consegue identificar os pensamentos subjacentes associados a elas.

- Quem tem mentalidade fixa nutre a crença limitante de que não é capaz de avançar além das circunstâncias e dos padrões de pensamento atuais.

- Em geral, os indivíduos com mentalidade de crescimento acreditam que são capazes de aprimorar qualquer habilidade com tempo e esforço.

- Na raiz das crenças limitantes está a voz assustadora do ego. Criar um relacionamento sólido com seu ego o ajudará a desfazer suas crenças limitantes.

- O modo como nos expressamos é um bom indicativo de nosso diálogo interior. Examinar o tom de seu discurso e as palavras escolhidas para se exprimir ajuda a identificar crenças limitantes ocultas.

DIÁRIO

Nomear o ego pode ajudar você a observá-lo sem se identificar com ele. É comum vilanizar o ego, mas, na verdade, ele possibilitou que os seres humanos sobrevivessem como espécie. Realmente, você deveria agradecer a essa vozinha importuna que só quer mantê-lo em segurança. O ego tem as melhores intenções, mas cabe a você estabelecer limites e reafirmar a ele que é capaz de fazer escolhas seguras e saudáveis. Neste exercício, escreva uma carta amorosa e tranquilizadora para o seu ego.

Querido _____ *(nome do seu ego),*

Obrigado por querer me manter sempre em segurança. Entendo que esteja preocupado com _____

_____

_____,

mas quero que saiba que (preencha as linhas restantes com uma mensagem amorosa e tranquilizadora para o ego) _____

_____

_____

_____

_____

_____.

Atenciosamente,

_____ *(seu nome).*

O ego gosta de usar a comparação como ferramenta para se tranquilizar, o que geralmente se manifesta como a sensação de não ser merecedor nem bom o bastante. Com que frequência você se identifica com esse tipo de narrativa? Você precisa de validação externa para se sentir merecedor ou bem em relação a si mesmo? Qual é o medo subjacente?

O ego pode entrar em cena quando os outros o desafiam. Qual é sua reação mais comum quando alguém desafia você? É difícil ouvir uma opinião diferente da sua sem contradizê-la ou questionar a pessoa que a exprime? Qual é o medo subjacente?

_____

_____

_____

_____

_____

_____

_____

_____

_____

_____

_____

_____

_____

_____

_____

_____

_____

_____

_____

Identifique um ciclo tóxico em sua vida. Quando esse ciclo começou? Que impacto negativo tem em sua vida? Que suposto benefício esse ciclo lhe oferece? É a gratificação instantânea? Ele o ajuda a entorpecer seus sentimentos desconfortáveis? Causa um pico de animação?

Quem sente que precisa beber para socializar talvez acredite que, quando sóbrio, não é muito engraçado nem agradável. Por causa dessa crença, talvez continue bebendo em excesso em situações sociais. Esse é um exemplo de como as crenças limitantes nos mantêm presos a ciclos tóxicos. Olhe para o ciclo tóxico que você identificou na sugestão anterior. Qual é a crença limitante que o alimenta?

_____

_____

_____

_____

_____

_____

_____

_____

_____

_____

_____

_____

_____

_____

_____

_____

Quais são os pensamentos tóxicos mais persistentes em sua vida? Eles causam desconforto no corpo? Em caso afirmativo, onde e como? Eles causam desconforto mental, como ansiedade ou depressão?

Que medo, pesar ou trauma deu origem a seus pensamentos tóxicos mais comuns? Qual nova história você pode criar em torno deles? Use o espaço a seguir para reformular esses pensamentos negativos reescrevendo sua história. Por exemplo, se lhe disseram em algum momento que você não era bom o suficiente e isso gerou a criação de uma história que confirma essa declaração, reformule-a e a escreva explicando de que maneira você é bom o bastante.

Escreva três de suas crenças mais limitantes e crie mantras positivos que possam substituí-las. Por exemplo, se tiver a crença "Não sou bom o suficiente para ocupar cargos de liderança", você pode substituí-la pelo mantra "Tenho confiança que consigo ser bom em qualquer papel a que me dedicar". Quando terminar, use esses mantras quando as velhas crenças se manifestarem em sua vida cotidiana.

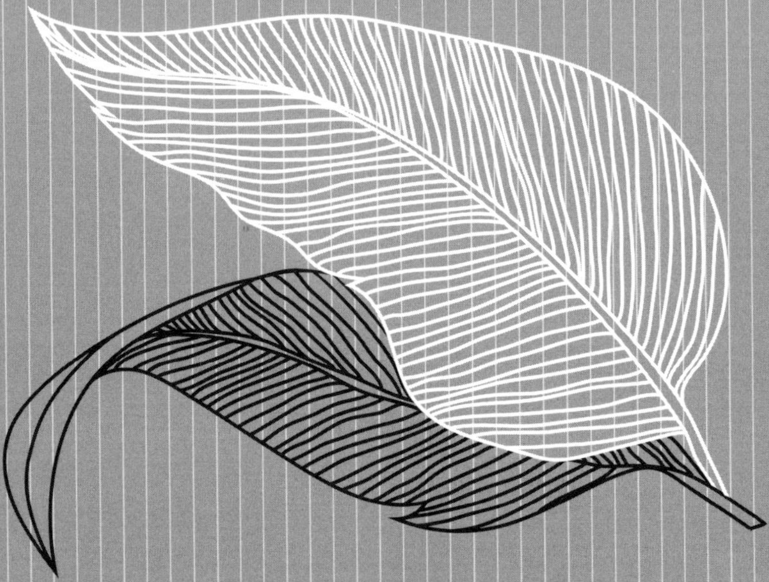

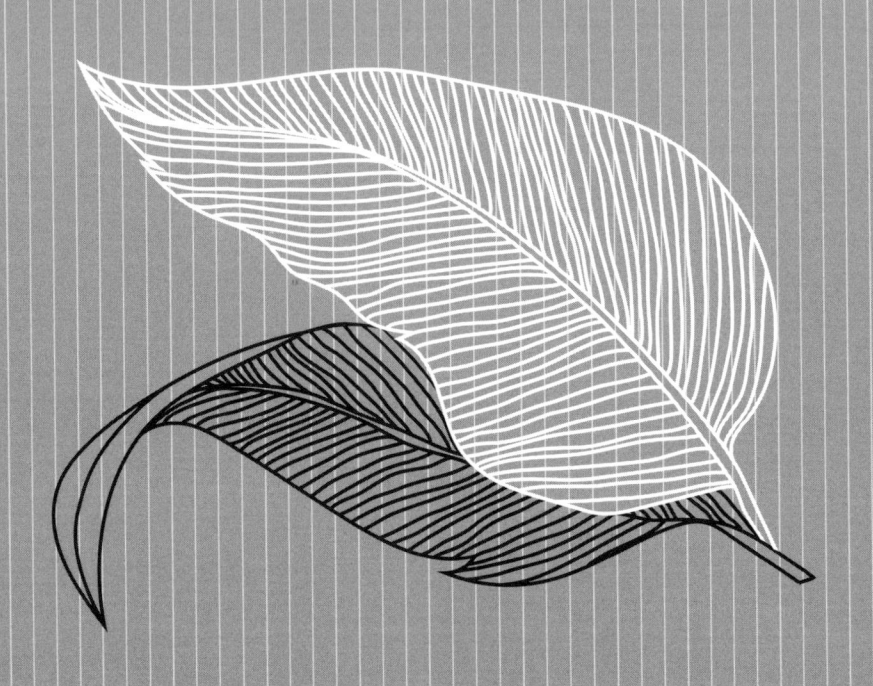

CAPÍTULO 6

IDENTIFIQUE E ENTENDA SEUS GATILHOS

Uma verdade desconfortável e difícil para muitos é o fato de nossos gatilhos refletirem nossas feridas interiores e apontarem para o que precisa de cura. Embora seja mais fácil culpar os outros por como nos sentimos ou por nossas reações, somos os únicos responsáveis pelas duas coisas. Por exemplo, ninguém é capaz de deixar você com raiva. Os outros podem até agir de forma que você ache desagradável, mas é você quem decide se vai reagir ou responder e de que forma. Quando permitimos que os outros ditem nossas reações, abrimos mão de nosso poder e ficamos à mercê das forças externas. O único comportamento que podemos controlar é o nosso. Mas com muita frequência, de forma inconsciente, tentamos controlar quem nos cerca para que se comporte do modo que achamos agradável e, quando as pessoas nos decepcionam agindo de forma diferente, nos sentimos afetados por esses gatilhos.

Neste capítulo, você vai trabalhar com seus gatilhos para descobrir as feridas ocultas e aprender a usá-las como uma ferramenta poderosa para aprofundar o entendimento que tem de si mesmo. Com o tempo e a prática, você começará a curar seus gatilhos ao entender sua causa.

Curar gatilhos leva à solução

Kathy se dizia muito controladora e era vista assim por amigos, colegas e por seus três filhos adultos. O tempo que passava com a família, principalmente com os netos, era importantíssimo para ela, que adorava convidar todos para um grande almoço de domingo. Mesmo assim, no fim da noite, era comum que se deparasse com gatilhos, que provocavam frustração e decepção. Veja, Kathy sempre tinha expectativas de como queria que fosse o dia. Ela vislumbrava os netos correndo pelo quintal enquanto os homens assistiam ao futebol e as mulheres a ajudavam na cozinha. A situação raramente transcorria como ela desejava.

Quando me contou sobre suas mágoas e frustrações, lhe perguntei por que era tão importante que ela tivesse tanto controle dessas reuniões familiares. Ela disse que se sentia culpada porque, em consequência do divórcio, seus filhos não tiveram um pai presente em boa parte da infância. Suas lembranças do próprio pai e de como o lar era organizado eram muito agradáveis, e ela desejava desesperadamente oferecer o mesmo aos filhos. Controlar o comportamento dos membros da família durante essas reuniões era sua maneira de tentar criar para eles a visão perfeita de como esses eventos deveriam ser. Quando identificamos a causa de sua necessidade de controle, ela conseguiu resolver a culpa e permitir que as reuniões de família transcorressem sem ficar apegada a um resultado específico.

EXPLORANDO SEUS GATILHOS MAIS COMUNS

Há um espaço disponível entre o momento do gatilho e sua resposta, se você escolher permitir que ele exista. Infelizmente, como as emoções evocadas quando sentimos o gatilho podem ser muito intensas, muitos não aproveitam esse tempo precioso e atacam ou agem por impulso, dominados pela energia reativa. Essas reações causam sentimentos de culpa ou vergonha quando agimos em desacordo com nossas crenças fundamentais. Praticar a pausa diante do gatilho cria espaço para você se afastar da reatividade em direção à responsividade. Vamos examinar alguns gatilhos mais comuns, começando com a observação.

Situação ou tema responsável pelo gatilho	Como o gatilho se manifestou	Observações
	☐ Raiva ☐ Culpa ☐ Vergonha ☐ Frustração ☐ Tristeza ☐ Ansiedade ☐ _____	
	☐ Raiva ☐ Culpa ☐ Vergonha ☐ Frustração ☐ Tristeza ☐ Ansiedade ☐ _____	
	☐ Raiva ☐ Culpa ☐ Vergonha ☐ Frustração ☐ Tristeza ☐ Ansiedade ☐ _____	

PRATICANDO A AUTORREGULAÇÃO PARA SE TORNAR MENOS REATIVO

Quando o sistema nervoso está desregulado, somos afetados pelos gatilhos com mais facilidade. Aprender a se autorregular vai ajudá-lo a se tornar menos reativo. Um sistema nervoso desregulado ativa a parte mais primitiva do cérebro, na qual se origina a resposta de luta ou fuga. Quando o regulamos, desativamos essa parte e permitimos que os lobos frontais, responsáveis por lógica, planejamento e tomadas de decisão, assumam o controle.

A autorregulação é fácil, mas exige consistência para se tornar um hábito. Nós somos capazes de controlar a ativação de diferentes partes do cérebro controlando nossos músculos. Experimente verificar as sensações presentes no seu corpo cinco a dez vezes por dia fazendo uma varredura corporal. Comece no topo da cabeça e conduza sua consciência ao longo de todo o corpo para observar onde há locais de tensão e relaxar esses músculos intencionalmente. Mantenha essa prática durante pelo menos três semanas para criar o hábito. Perceba bem como se sente antes e depois da autorregulação.

Como você costuma reagir aos gatilhos? Entender suas reações comuns o ajuda a romper ciclos tóxicos. Que situação recente lhe provocou um gatilho e como você lidou com ele? Poderia ter respondido de alguma maneira melhor? Qual teria sido?

_____

_____

_____

_____

CRIE UM PLANO PARA TREINAR A PAUSA

Ter um plano para lidar com os gatilhos antes de ser confrontado por eles reduz a reatividade. Por exemplo, você pode se afastar e esfriar a cabeça antes de decidir como proceder ou respirar profundamente para acalmar as emoções desconfortáveis que vierem à tona. Use o espaço a seguir para determinar como escolherá responder quando essas situações surgirem.

_____
_____
_____
_____
_____
_____
_____

Que gatilhos você acha mais difícil deixar para trás e por que se sente assim? Como eles se relacionam com seus traumas do passado?

_____
_____
_____
_____
_____
_____
_____

*Eu me mantenho no controle
das minhas ações ao
escolher ser responsivo.*

USE SEUS SENTIDOS PARA SE CENTRAR QUANDO SE DEPARAR COM GATILHOS

Centrar-se envolve uma técnica usada para nos trazer de volta ao corpo físico e nos afastar da identificação com as emoções pesadas. Essa prática funciona melhor quando nos sentimos com raiva, dispersos ou ansiosos.

Na próxima vez que enfrentar um gatilho, pare e identifique o seguinte:

- Cinco coisas que você pode ver
- Quatro coisas que pode tocar
- Três coisas que pode ouvir
- Duas coisas que consegue cheirar
- Uma coisa cujo sabor pode sentir

Como você sente o gatilho no seu corpo físico? Ele faz seu coração disparar, a garganta se apertar, as mãos se fecharem? Saber como essas emoções se instalam no corpo ajuda a identificar como você as armazena e lhe permite liberar essa energia de um jeito seguro.

_____

_____

_____

_____

_____

_____

_____

CHEGANDO À FONTE ORIGINAL DOS SEUS GATILHOS

Ao reservar um tempo para explorar a origem dos seus gatilhos, você se torna capaz de curá-los na fonte. Consulte o primeiro exercício deste capítulo, no qual você identificou seus gatilhos mais comuns. Trabalhe com essa lista, um item de cada vez. Use as perguntas a seguir para chegar à fonte original dos gatilhos.

Qual é a situação responsável pelo gatilho?
Exemplo: *Eu me sinto afetado quando vejo pessoas dançando nas redes sociais.*

_____
_____
_____
_____

Que emoções você sente em torno desse gatilho?
Exemplo: *Eu me sinto incomodado e, às vezes, até com raiva.*

_____
_____
_____
_____

Por que você acha que tem esses sentimentos nessa situação específica?
Exemplo: *Gostaria de também ter confiança para me mostrar de forma autêntica, sem me preocupar com o que os outros vão pensar, e sinto inveja quando vejo os outros sendo capazes de se exibir com tanta liberdade.*

_____
_____
_____
_____
_____

De que experiência anterior vem esse gatilho?
Exemplo: *Quando criança, com frequência me diziam que eu passava do ponto. Essa mensagem constante fazia eu me sentir esquisito ou diferente e me levou a ter inseguranças. Cresci com medo do que os outros pensariam de mim se eu expressasse esse meu lado.*

_____
_____
_____
_____
_____
_____
_____

Meus gatilhos são meu maior professor e apontam para o que precisa de cura dentro de mim.

TESTANDO SEUS GATILHOS

Os gatilhos saudáveis empurram as pessoas para fora de sua zona de conforto e, muitas vezes, as fazem pensar. Quando nos desafiamos a permitir que os gatilhos nos ensinem, criamos músculos metafóricos e ficamos menos suscetíveis a nos sentirmos afetados por eles. Desafie-se e se coloque intencionalmente numa situação de gatilho para praticar algumas ferramentas apresentadas neste capítulo. Use o espaço a seguir para escrever sobre sua experiência.

Quais foram os maiores desafios que você enfrentou ao confrontar intencionalmente situações ou temas que o afetam e quais ferramentas funcionaram melhor para lidar com eles?

TENDO COMPAIXÃO

Muitos gatilhos giram em torno do comportamento dos outros e de como percebemos suas ações, com frequência levando-as para o lado pessoal. Quando treinamos a compaixão, naturalmente ficamos menos incomodados com o comportamento dos outros. A verdade é que raramente as ações dos outros são de fato contra nós. Por exemplo, alguém que tenha sido seco com você ao telefone podia estar preocupado com o filho doente e ansioso para voltar ao cuidado dele. O exercício e a prática a seguir ajudam a adotar uma atitude mais compassiva em relação aos outros.

Liste três pessoas que lhe causam gatilhos frequentes. Anote como e por que você sente esses gatilhos.

1. _____
_____
_____
_____

2. _____
_____
_____
_____

3. _____
_____
_____
_____

CONECTANDO-SE À COMPAIXÃO POR MEIO DA MEDITAÇÃO METTA

A meditação Metta, também conhecida como meditação da bondade amorosa, pode ser difícil quando temos ressentimento ou raiva acumulados por nos sentirmos constantemente afetados por um indivíduo específico. Escolha uma das pessoas listadas no exercício anterior. Em seguida, procure um espaço confortável onde você não tenha que lidar com interrupções. Feche os olhos, relaxe o corpo e se concentre na respiração para se centrar. Quando se sentir calmo, traga à mente a pessoa sobre a qual você vai meditar. Repita as seguintes afirmações cinco vezes, na ordem em que estão escritas. Essa é uma prática poderosa que vai levá-lo de volta ao lar do amor.

- Envio amor a _____.
  [nome da pessoa]

- Desejo paz a _____.
  [nome da pessoa]

- Desejo alegria a _____.
  [nome da pessoa]

- Desejo abundância e prosperidade a _____.
  [nome da pessoa]

- Escolho amar e aceitar _____.
  [nome da pessoa]

Principais lições

Tomara que agora você tenha uma nova visão sobre as pessoas, o conteúdo e as situações que ativam suas emoções mais pesadas. Está na hora de apreciar sua confiança recém-descoberta para confrontar seus gatilhos. Lembre-se: quanto mais lidar com esses gatilhos, melhor será sua capacidade de processá-los e curá-los de um jeito saudável. Eis um breve resumo do que tratamos neste capítulo.

- Seus gatilhos guiam você ao que precisa ser curado dentro de si. Abordá-los com curiosidade o ajudará a superá-los.

- Quando o sistema nervoso está desregulado, você se sente mais afetado pelos gatilhos. Com a prática da autorregulação, você automaticamente se torna menos reativo. A melhor maneira de fazer isso é se concentrando nos músculos do seu corpo, intencionalmente relaxando os pontos nos quais houver alguma tensão acumulada.

- É essencial ter um plano para lidar com temas, pessoas ou situações que provoquem gatilhos. Isso ajuda você a se tornar menos reativo e mais responsivo.

- Quando reserva um tempo para explorar a fonte original dos seus gatilhos, é possível curá-los na fonte.

- Muitos gatilhos giram em torno do comportamento dos outros e do modo como julgamos suas ações. Quando treinamos a compaixão, naturalmente ficamos menos incomodados com o que os outros fazem.

DIÁRIO

Você abre mão do seu poder quando desperdiça sua energia com as experiências do passado e com outras situações de gatilho que aparecem em sua vida cotidiana. Talvez você não tenha a menor consciência de quanta energia desperdiça. E isso é sempre uma escolha sua, em nível consciente ou inconsciente, porque a sua energia não pode ser tirada de você. Repita o mantra a seguir ao inspirar, trazendo a energia de volta ao corpo, e depois use o espaço abaixo para criar outros mantras e afirmações empoderadoras para usar quando necessário.

"Agora escolho chamar de volta para mim toda a energia que, conscientemente ou não, eu desperdicei."

Empoderamento para mim significa _____ ,
_____

e me sinto mais empoderado quando _____
_____ .

Observo que sinto que abri mão do meu poder quando experimento grandes emoções como _____
_____

e tendo a reagir a isso fazendo o seguinte: _____
_____ .

Uma resposta mais empoderadora seria _____
_____ .

Recorde uma época em que algo desconfortável ou perturbador ocorreu em sua vida. Quais eram as circunstâncias? Você reagiu de modo a se sentir empoderado ou não? Na próxima vez, há alguma maneira de escolher uma resposta mais alinhada a você?

_____
_____
_____
_____
_____
_____
_____

Escolha no exercício anterior um gatilho com que queira trabalhar e tire um momento para recordar quando começou a ser reativo a esse lugar, pessoa, coisa, tema ou situação específicos. Qual a causa do gatilho? Depois de identificar a causa, escreva sobre a experiência.

Qual é sua reação mais comum quando você sente um gatilho emocional? Ataca com raiva? Diz coisas que não queria? Recua e se fecha? Ou nega a emoção desconfortável e a reprime? Esses são só alguns exemplos, mas identificar como você reage o ajudará a ter uma maior consciência desses ciclos.

_____
_____
_____
_____
_____
_____
_____
_____
_____
_____
_____
_____
_____
_____
_____
_____
_____
_____

Recomendo praticar a autorregulação antes e durante qualquer trabalho com a sombra, para você estar centrado e num estado de espírito tranquilo ao abordar os gatilhos e tópicos desconfortáveis. Os métodos para regular o sistema nervoso "de cima para baixo" visam aquietar a mente para relaxar o corpo, mas a abordagem de baixo para cima visa primeiro relaxar o corpo para acalmar a mente. Para treinar esse método de autorregulação, basta tomar consciência das tensões do corpo e relaxar os músculos correspondentes. Use a lista de verificação a seguir para levar sua atenção por todo o corpo e identificar as áreas que estão tensas. Alguns sinais de tensão acumulada são travar o maxilar, encolher a barriga, franzir a testa e fechar as mãos, por exemplo.

- ☐ Topo da cabeça
- ☐ Testa
- ☐ Atrás dos olhos
- ☐ Maxilar
- ☐ Pescoço
- ☐ Ombros
- ☐ Alto das costas
- ☐ Região lombar
- ☐ Parte alta do abdômen
- ☐ Parte baixa do abdômen
- ☐ Nádegas
- ☐ Coxas
- ☐ Panturrilhas
- ☐ Mãos
- ☐ Pés

Antes de lidar com qualquer tensão, pense em como está se sentindo em termos de clareza mental e bem-estar emocional. Classifique esses dois aspectos numa escala de um a dez, em que dez é o melhor e um é o pior. Não pense demais nas respostas; escreva o primeiro número que lhe vier à mente.

Clareza mental: _____

Bem-estar emocional: _____

Agora, inspire fundo algumas vezes e leve sua atenção para as áreas de tensão que você identificou usando a lista de verificação. Respire com energia relaxada e se concentre em desfazer a tensão nessas partes do corpo por um minuto. Depois classifique outra vez como se sente com a mesma escala de um a dez. Registre qualquer pensamento e sentimento sobre a diferença que sentiu ao comparar seu estado antes e depois da autorregulação.

Clareza mental: _____

Bem-estar emocional: _____

_____
_____
_____
_____
_____
_____
_____
_____
_____

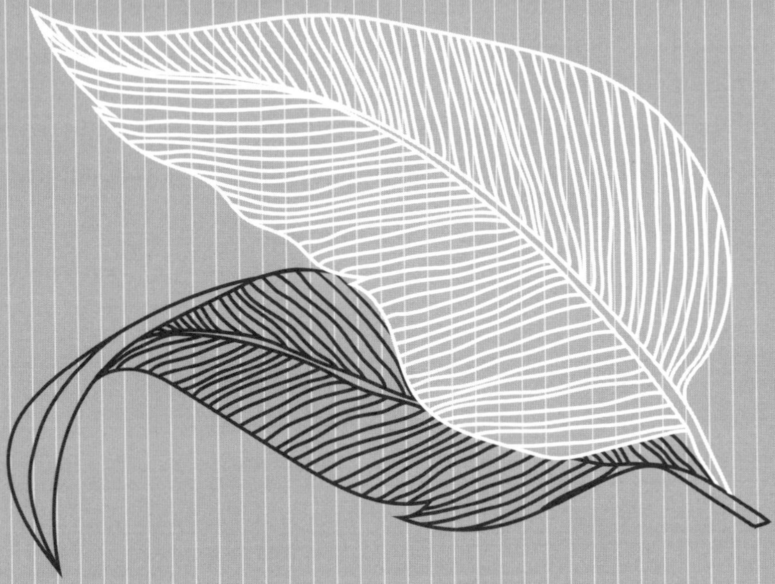

CAPÍTULO 7

Melhore seus relacionamentos por meio do trabalho com a sombra

Embora pensemos no trabalho com o lado sombra principalmente como um meio de curar traumas e confrontar nossas crenças limitantes, examinar nossas atitudes e pensar sobre os relacionamentos importantes da nossa vida também são uma parte desse esforço. Quando você se dedica a fazer o trabalho interior, sua vida melhora em todas as áreas. Quando aprende a abraçar a aceitação radical de si, consegue igualmente aceitar os outros com amor e compaixão.

Embora muitos relacionamentos melhorem com nossa dedicação ao trabalho interior, alguns também podem se encerrar. Quanto mais confiante e confortável em estabelecer limites saudáveis, mais discernimento você terá no que diz respeito aos relacionamentos. As pessoas que realmente devem estar em sua vida honrarão seu amor-próprio recém-descoberto, mas espere alguma resistência inicial aos limites saudáveis que você lhes impuser.

Neste capítulo, você vai explorar seus comportamentos e padrões de relacionamento. Examinará sua qualidade e dará uma olhada franca e muitas vezes desconfortável no modo como seu lado sombra afeta as conexões que você mais valoriza, com familiares, amigos, parceiros amorosos e conhecidos.

Tendência a sempre querer agradar os outros: uma resposta ao trauma

A tendência a sempre querer agradar os outros é uma resposta típica de quem sofreu trauma na infância – que não se resume apenas a maus-tratos ou negligência. Muitas vezes, o trauma na infância é muito mais sutil. Vejamos Emily, criada num lar onde os pais passavam muito tempo discutindo os dramas constantes de seu relacionamento. Desde bem pequena, a mãe de Emily dependia frequentemente dela para obter o apoio emocional que não recebia do marido, alimentando expectativas pouco realistas de que a filha se comportasse da maneira que ela achava agradável.

Quando cresceu e formou outros relacionamentos, Emily levou para a idade adulta a tendência a querer sempre agradar os outros, que aprendera com a dinâmica que tinha com a mãe. Assim ela virou quase um camaleão: sua personalidade mudava dependendo da pessoa com quem estava. O medo de como os outros a receberiam tornava difícil para ela se mostrar de forma autêntica. Ela permitia que a opinião das pessoas em sua vida afetasse seu sentimento de valor pessoal e criava nos relacionamentos românticos um ciclo que a deixava vazia e perdida.

No tempo que passei com ela, nos concentramos intensamente no trabalho com sua criança interior e com a técnica de reparentalização. Pela primeira vez na vida, Emily teve confiança suficiente para ser seu eu fabuloso. Ela finalmente se libertou.

PLANILHA DE AVALIAÇÃO DA CODEPENDÊNCIA

A definição de codependência, de acordo com o dicionário *Merriam-Webster*, é "uma condição psicológica ou um relacionamento em que a pessoa que manifesta baixa autoestima e um forte desejo de aprovação tem um apego nocivo a outra pessoa, em geral controladora ou manipuladora (como alguém com dependência de álcool ou drogas)".

Como outros aspectos sombrios, muita gente não tem a menor consciência das próprias tendências codependentes. Embora às vezes a codependência seja chamada de vício em relacionamentos e com frequência seja pensada em termos de amor romântico, esse apego nocivo e geralmente unilateral pode se formar em qualquer relacionamento. É verdade que esses laços tóxicos costumam ser criados quando uma das pessoas precisa de "conserto", mas nem sempre é assim.

Há muitas outras causas da codependência que criam uma necessidade tóxica de aprovação, amor, atenção e aceitação de uma ou várias pessoas específicas da vida. Use a planilha a seguir para avaliar se você demonstra tendências codependentes. Reserve um tempo para considerar meticulosamente as opções listadas e refletir sobre quais afirmações combinam *mais* com seus pensamentos, ações e opiniões.

Mentalidade de relacionamento saudável	Mentalidade de relacionamento codependente
	☐ Costumo minimizar meus sentimentos e tenho dificuldade de contar meus pensamentos, ideias e opiniões, principalmente quando sei que os outros talvez não os recebam bem.
☐ Consigo me expressar com facilidade, mesmo quando sinto que posso decepcionar ou aborrecer os outros.	
☐ Estabeleço e imponho limites saudáveis e entendo que todos são responsáveis por seu comportamento e suas escolhas.	☐ Acredito que quem ama nunca desiste da pessoa amada.
☐ Priorizo minhas necessidades porque sei que isso me ajuda a servir aos outros de forma saudável.	☐ Ponho a necessidade dos outros na frente das minhas e me dedico a servir, mesmo que isso signifique me sacrificar.

Mentalidade de relacionamento saudável	Mentalidade de relacionamento codependente
☐ Entendo que nem todos vão gostar de mim, e tudo bem.	☐ É importante que os outros gostem de mim.
☐ Embora não goste de confrontos, não tenho medo de defender o que é certo, mesmo que isso me leve a aborrecer ou decepcionar os outros.	☐ Evito confrontos, mesmo que às vezes isso signifique ir contra meus valores e crenças fundamentais.
☐ Consigo dizer "não" com facilidade se sentir que é para o meu bem.	☐ Tenho dificuldade de dizer "não" e muitas vezes faço as coisas só para agradar os outros.
☐ Embora goste de ser útil, cada um é responsável por cuidar das próprias necessidades.	☐ Para mim, é importante me sentir necessário para os outros em minha vida.
☐ Só peço desculpas quando é sincero e fiz algo errado.	☐ Com frequência peço desculpas, mesmo quando não fiz nada errado.

OBSERVANDO RELACIONAMENTOS SAUDÁVEIS

Observar outros relacionamentos é uma prática constante que o ajudará a distinguir os comportamentos saudáveis dos tóxicos e lhe permitirá perceber seus próprios comportamentos nocivos nas suas relações.

Pense nas pessoas de sua vida que têm relacionamentos felizes e equilibrados. Use a lista de verificação do exercício anterior para ter clareza sobre o que é uma mentalidade de relacionamento saudável.

Depois de identificar essas coisas, comece a observar como as pessoas envolvidas nesses relacionamentos se mexem, falam e interagem entre si. Observe os hábitos saudáveis e o benefício desses hábitos para a relação delas.

Caso seja íntimo dessas pessoas e se sinta à vontade com elas, converse. Pergunte como lidam com os conflitos, que limites criaram e que hobbies e atividades sociais gostam de cultivar fora do relacionamento. Use essas perguntas como ponto de partida e vá acrescentando outras quando sentir vontade.

A maioria das pessoas exibe tendências codependentes em algum momento da vida. Identifique alguma vez em que tenha caído nesse padrão. Como se sentiu? Teve dificuldade para expressar seus sentimentos? Quais medos fizeram você cair no comportamento codependente?

_____

_____

_____

_____

_____

_____

_____

_____

TENHA CLAREZA DOS SEUS LIMITES

Ouvimos falar muito da necessidade de estabelecer e impor limites saudáveis, mas a verdade é que muitos não têm limites claros e bem definidos para implementar. Quando há falta de clareza a esse respeito, eles tendem a ficar confusos e, em geral, são fracos ou não são impostos.

Neste exercício, ofereço coisas a considerar, mas reserve um tempo para refletir sobre seus limites além dos exemplos que são mostrados aqui. Há cinco áreas principais em que se concentrar. Use estas páginas para esclarecer e definir seus limites em cada uma.

1. **Defina seus limites físicos.** Como você se sente com demonstrações públicas de afeto? Tudo bem se seu parceiro demonstrar afeto não sexual sem permissão? Ou você prefere ser responsável por iniciar esse tipo de contato físico? Há ocasiões em que você não quer ser incomodado, como no banheiro ou trabalhando? De quanto tempo de solitude você precisa para se sentir bem?

_____

_____

_____

2. **Defina seus limites sexuais.** Há coisas fora dos limites em termos sexuais? Com quem você se sente à vontade para se envolver num ato sexual e em que condições? Por exemplo, precisa estar apaixonado ou se sente à vontade para fazer sexo no primeiro encontro? De que você precisa para se sentir confortável e confiante com seu parceiro sexual? A monogamia é importante para você ou sua opinião sobre o que constitui um relacionamento saudável é menos convencional?

_____

_____

_____

3. **Defina seus limites financeiros.** Você se sente à vontade para emprestar ou pedir dinheiro emprestado a amigos e familiares? Há pessoas a quem você não emprestaria dinheiro? Por quê? Você quer manter seu dinheiro separado do dinheiro do parceiro ou prefere uma conta conjunta? Quem paga o quê?

_____

_____

_____

4. **Defina seus limites emocionais.** Você sente que seus sentimentos são ouvidos e validados? Sente que pode se exprimir sem críticas nem julgamentos? Consegue transmitir aos outros quando se sente pouco à vontade na discussão de certos tópicos com eles? Quais são esses tópicos específicos?

_____

_____

_____

5. **Defina seus limites de tempo.** Para você, é essencial ter tempo fora do relacionamento romântico? Como é isso para você? Que metas suas exigem tempo? Quanto tempo você precisa dedicar aos amigos, familiares e parceiros românticos para se sentir nutrido dentro desses relacionamentos? Para você é fácil dizer "não" a solicitações de seu tempo quando o que foi pedido é algo que não quer fazer?

_____

_____

_____

ESTABELECENDO OS LIMITES NECESSÁRIOS

Agora que obteve clareza, escreveu quais são seus limites nas cinco áreas principais e identificou em que pontos precisa reforçar esses limites com as pessoas de sua vida, está na hora de colocar essas informações em prática. Talvez isso exija que você discuta suas necessidades e expectativas com o parceiro, seus familiares e amigos.

Ao começar a impor novos limites, esteja preparado para enfrentar alguma turbulência inicial nos relacionamentos. Afinal de contas, ninguém gosta de mudança, e, para alguns, seus limites podem parecer rejeição ou abandono. Procure criar expectativas saudáveis na vida sem ser duro. À medida que todos forem se adaptando, seu relacionamento consigo mesmo e com eles vai melhorar de forma significativa por meio de sua dedicação a manter limites firmes nessas áreas principais da vida.

"Às vezes, você é a pessoa tóxica. Às vezes, você é a pessoa cruel e negativa que está tentando afastar. Às vezes, o problema é você. E isso não o torna menos merecedor. Continue crescendo."

– Autor desconhecido

FAZENDO MUDANÇAS SAUDÁVEIS

Com a clareza que agora tem a respeito dos seus limites importantes, que mudanças saudáveis você pode fazer na sua vida? Como vai se comprometer com os limites que estabeleceu? Que temores alimenta a respeito de estabelecer e impor esses limites?

Estabeleço e imponho com facilidade os limites que honram e apoiam meus valores fundamentais.

CONFRONTANDO SEUS HÁBITOS TÓXICOS NO RELACIONAMENTO: SERÁ QUE O PROBLEMA É VOCÊ?

Assumir a responsabilidade é uma poderosa lição do trabalho com a sombra que se apresenta a todos nós de tempos em tempos. Quando surgem problemas no relacionamento, o ego, na tentativa de manter você em segurança, buscará convencê-lo de que a culpa é toda dos outros envolvidos. A verdade é que, quando um não quer, dois não brigam, e se seus relacionamentos estão estremecidos, admita que, em algum nível, você tem participação nisso.

Marque a seguir a resposta que melhor descreve suas tendências em cada situação. Depois escreva uma curta declaração de missão que explique como planeja ajustar seu comportamento, se necessário.

Um exemplo dessa declaração de missão pode ser: *"Quando receber críticas construtivas, farei uma pausa e avaliarei se o que foi oferecido faz sentido e vale a pena. Vou me abrir a receber essas informações sem ficar na defensiva."*

Quando recebo críticas construtivas, minha resposta mais comum é:

- ☐ Ficar sem graça ou com vergonha e me fechar.
- ☐ Entrar em modo de ataque e descarregar na outra pessoa.
- ☐ Choro, gritos, culpabilização, ataques de raiva. (Esse tipo de comportamento é uma tentativa de manipular emocionalmente a outra pessoa para que se comporte de forma diferente.)
- ☐ Nada disso. Eu me abro a receber orientação e críticas construtivas dos outros e estabeleci limites claros em torno do que me deixa ou não à vontade de conversar no momento.

Na próxima vez que receber críticas construtivas, pretendo (acrescente sua declaração de missão):

_____

_____

_____

_____

Quando sinto que a pessoa de quem gosto não me dedica tempo suficiente, eu:

- ☐ Me fecho, faço cara feia ou adoto um comportamento passivo-agressivo para chamar a atenção e mostrar meu aborrecimento.
- ☐ Tento controlar e ditar o comportamento do outro e insisto que ceda a meus desejos.
- ☐ Me sinto rejeitado e internalizo o comportamento do outro, muitas vezes sentindo pena de mim ou insegurança a respeito do relacionamento. (A depressão e o ciúme são experiências comuns para quem costuma cair nessa armadilha.)
- ☐ Nada disso. Reservo um tempo para contemplar meus sentimentos e depois me expresso sobre os pontos em que preciso de um pouco mais de amor e apoio.

Na próxima vez que sentir que preciso de mais tempo de meu parceiro, familiar ou amigo, abordarei o assunto assim:

_____

_____

_____

_____

Quando se trata de sinceridade:

☐ Minto em meus relacionamentos quando sinto que assim evitarei conflitos ou que a verdade terá um impacto negativo para mim.

☐ Não tenho o hábito de mentir, mas uma mentirinha boba de vez em quando não faz mal.

☐ Como sinto desconfiança em relação aos outros, acho difícil me expressar com sinceridade.

☐ Nada disso. Embora possa errar, valorizo a importância da sinceridade e me esforço para ser o mais verdadeiro possível. Entendo que a franqueza, combinada à comunicação saudável, é vital para a saúde de qualquer relacionamento.

Eu me comprometo a ser mais franco e verdadeiro da seguinte maneira:

_____
_____
_____
_____

Quando se trata de lidar com os outros, eu:

☐ Posso ser crítico demais e ficar frustrado ou zangado quando alguém não ajusta seu comportamento com base em minhas opiniões.

☐ Tendo a projetar minha frustração nas pessoas mais próximas, mesmo quando elas não são a causa de meu aborrecimento. (Isso costuma acontecer quando a pessoa está sobrecarregada e precisa liberar energia.)

☐ Deixo que assumam o comando e tento não arrumar problemas para manter a paz.

☐ Nada disso. Eu me esforço para honrar a mim e às pessoas de minha vida. Sou criterioso em meus relacionamentos e sempre tento criar laços saudáveis.

Eu me comprometo a melhorar meus relacionamentos por meio das seguintes atitudes:

_____

_____

_____

_____

Quanto mais consigo me amar,
honrar e aceitar, mais fácil é
amar, honrar e aceitar os outros.

PRÁTICA DA RESPONSABILIZAÇÃO

Há algo libertador em assumir a responsabilidade quando vacilamos ou nos comportamos em desacordo com nossos valores fundamentais nos relacionamentos. Faça uma lista das vezes em que esteve nessa situação e se concentre nelas, uma a uma. Observe quais emoções vêm à tona quando você confronta os erros do passado e os deslizes nos relacionamentos. Reconheça seu papel no desentendimento ou conflito entre você e cada pessoa envolvida. Então se perdoe e se comprometa a escolher melhor no futuro.

OS RELACIONAMENTOS COMO ESPELHO

Nossas conexões mais íntimas com os outros são uma ferramenta valiosa de autodescoberta quando nos abrimos ao fato de que os relacionamentos são espelhos. Por exemplo, o indivíduo que teme receber amor pode escolher, de modo inconsciente, parceiros emocionalmente indisponíveis e, ao mesmo tempo, se perguntar por que parece atrair sempre esse mesmo tipo de pessoa.

Neste exercício, você dará uma olhada mais atenta no que seus relacionamentos refletem sobre suas crenças inconscientes. Reflita sobre cada tipo de relação e esteja aberto a considerar o que eles mostram a seu respeito. Escreva uma curta descrição de cada um nas caixas.

Relacionamentos românticos (passados, presentes ou ambos)	Relacionamento parental	Irmãos/outros familiares	Amizades

MEDITAÇÃO DO REFLEXO

Esta meditação é um exercício de visualização simples e fácil de memorizar. Use-a sempre que quiser se conectar com seu eu interior para obter mais clareza. Você pode entrar nesta meditação aberto a receber a mensagem necessária ou com uma pergunta específica que gostaria de responder. Deixe o diário por perto para escrever sua experiência quando terminar.

Para começar, procure um local confortável onde não precise lidar com interrupções. Você pode ficar sentado ou deitado. Também recomendo pôr para tocar uma música suave e relaxante. Em seguida, concentre-se na sua respiração: aprofunde a inspiração e libere a tensão quando expirar. Permita que seu corpo relaxe completamente.

Quando estiver com corpo e mente relaxados, visualize à sua frente um caminho que leva a uma antiga floresta. À medida que percorre a trilha, permita que os detalhes da cena se desenrolem diante de você. Pode ser que você ouça os passarinhos cantarem ou observe outras pequenas criaturas da floresta correndo à sua volta. Note como se sente reconfortado e seguro quanto mais se adentra a mata.

Conforme vai seguindo o caminho, você nota um pequeno corpo d'água à distância. Vá na direção dele até chegar à margem. A princípio, a água é revolta, e as ondulações na superfície não o deixam ver nenhum reflexo.

Agora traga a pergunta ou intenção ao primeiro plano da mente e se ajoelhe junto à água. À medida que a pergunta ou intenção for entrando em foco, a água vai ficando mais calma até se tornar perfeitamente imóvel. Fitando sua própria imagem na superfície da água cristalina, peça para receber uma mensagem ou faça sua pergunta. Permita que seu reflexo fale com você e escute atentamente a mensagem. Você pode ficar e conversar, perguntando e respondendo pelo tempo que quiser. Quando terminar, escreva as mensagens que recebeu e reflita sobre seu significado.

EXPLORANDO SEUS PADRÕES

Que padrões comuns você consegue identificar em seus relacionamentos mais íntimos? Quais são saudáveis e quais você acha que precisam de atenção? Qual é a narrativa subjacente de cada um?

Principais lições

Agora você está no caminho para ter uma imagem clara de como seus laços mais especiais funcionam por dentro e de entender seu papel em cada um deles. Eis um resumo do que tratamos neste capítulo:

- Embora a codependência às vezes seja chamada de vício em relacionamentos e considerada exclusividade das relações românticas, esse apego nocivo e com frequência unilateral pode se formar em qualquer tipo de relacionamento.

- Quando criar limites, existem cinco áreas principais em que se concentrar: limites físicos, sexuais, financeiros, emocionais e de tempo.

- Quando começar a impor novos limites, prepare-se para uma turbulência inicial nos relacionamentos. Afinal, ninguém gosta de mudança, e seus limites podem parecer rejeição ou abandono.

- Quando surgem problemas no relacionamento, o ego, na tentativa de manter você em segurança, tentará convencê-lo de que a culpa é toda dos outros envolvidos. A verdade é que, quando um não quer, dois não brigam, e, se seus relacionamentos estão estremecidos, admita que, em algum nível, você tem alguma participação nisso.

- Nossas conexões mais íntimas com os outros são uma ferramenta valiosa de autodescoberta.

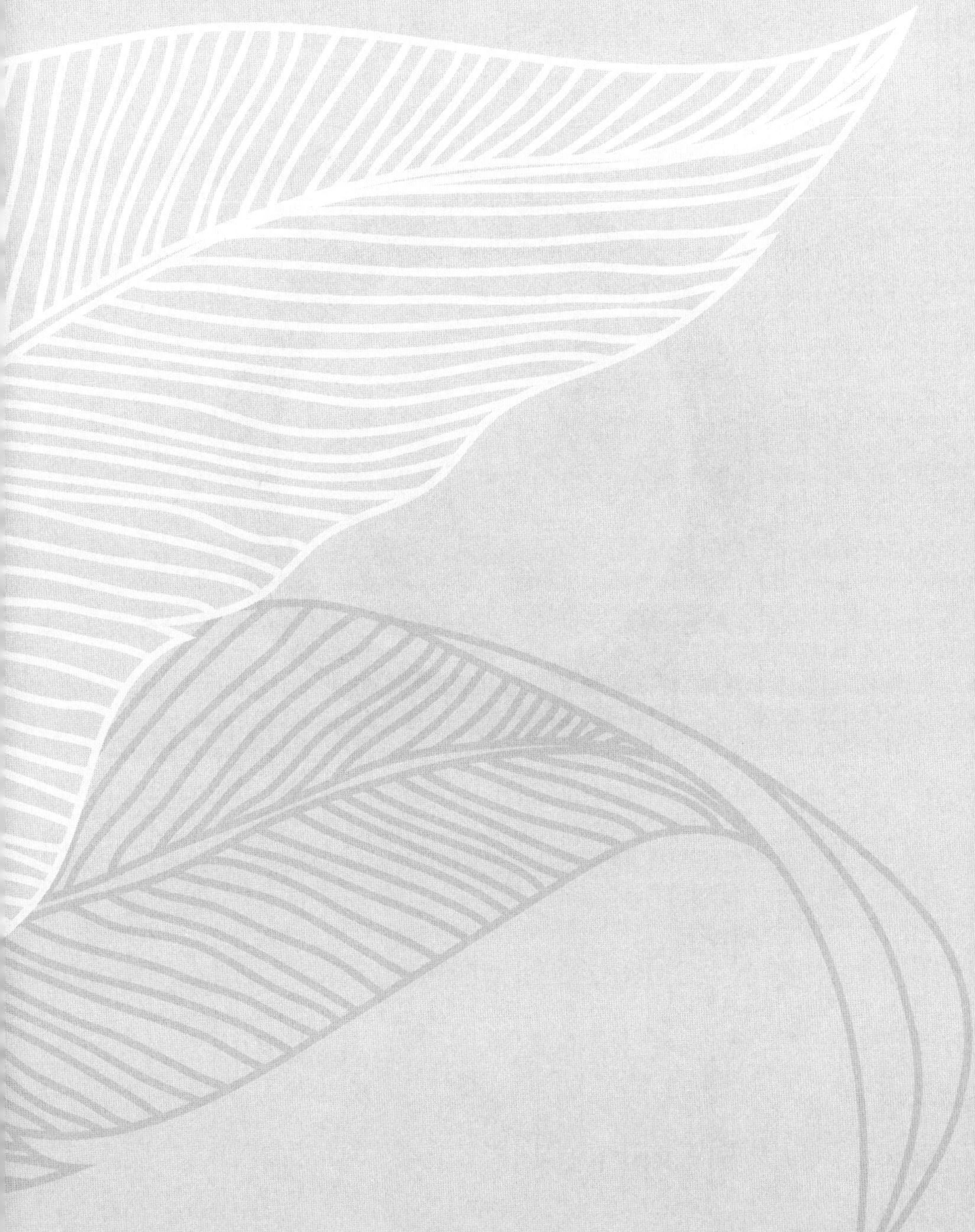

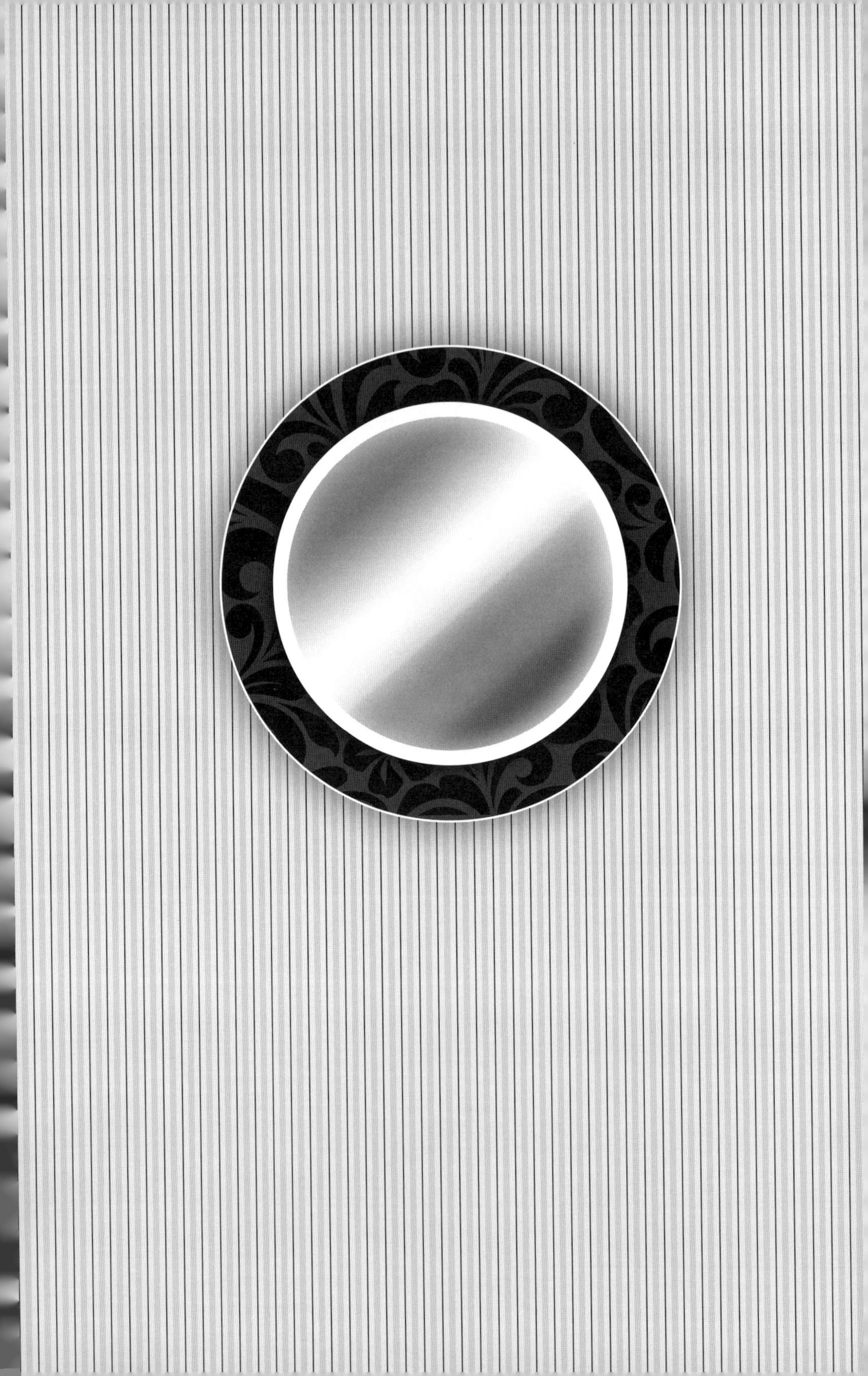

DIÁRIO

Identifique uma pessoa com quem seu relacionamento esteja estremecido. Escreva o nome de vocês dois no meio do círculo abaixo. Em seguida, preencha o círculo com frases e palavras positivas que descrevam a pessoa ou a energia que você quer levar ao seu relacionamento com ela. Por exemplo, você pode escrever coisas como "mais comunicação", "amor", "generosidade", "bondade", "compaixão" ou "cura". Permita que a intuição seja seu guia. Se surgir alguma resistência, inspire a energia do amor. Quando tiver preenchido todo o círculo, escreva as palavras "Está feito. Obrigado, obrigado, obrigado" ao redor de todo o círculo.

Quando está em conflito com pessoas de sua vida, talvez você se concentre no outro e negligencie o papel de suas próprias ações nessa questão. Dê uma olhada em como você pode estar criando problemas nos relacionamentos e escreva a respeito disso a seguir.

Como você poderia mudar conscientemente sua mentalidade para se concentrar em aspectos mais positivos dos seus relacionamentos complicados? Como ser mais responsável pelos problemas nas suas relações para os quais você pode estar contribuindo?

O relacionamento que você tem consigo mesmo dá o tom de todos os outros em sua vida. Quando tem um amor-próprio saudável, você naturalmente cria limites saudáveis alinhados ao seu valor pessoal. Escreva uma carta de amor a si mesmo. Caso não saiba o que escrever, pense em suas maiores inseguranças ou nos aspectos em que se trata com mais dureza; depois escreva mensagens amorosas e tranquilizadoras em torno desses pontos. Quando terminar, vá ao espelho e leia sua carta de amor para você, fazendo contato visual. Leia essa carta para si mesmo todos os dias.

Como a resistência apareceu enquanto você escrevia e lia a carta para si? Que outras ações podem melhorar a qualidade do relacionamento que você tem consigo mesmo?

Muita gente alimenta a crença limitante de que se elogiar, se honrar e se adorar são sinais de uma pessoa convencida. Até que ponto você se sente à vontade quando pensa e diz coisas positivas a seu próprio respeito? Até que ponto se sente à vontade quando recebe elogios dos outros? No passado, alguém fez você se sentir indigno de ser amado? Se fez, como isso afetou sua visão atual de si mesmo?

O perdão pode ser uma lição difícil. O ego guarda rancor e cria resistência ao perdão. Perdoar não significa aprovar a má conduta. Significa apenas escolher se livrar da raiva. Isso exige prática. Pense em alguém de quem você sente rancor. Depois de trazer à mente a pessoa e a circunstância, faça este exercício.

_____ , *desejo a você*
          [nome da pessoa]

_____

[escreva uma intenção positiva, como saúde, riqueza, amor, felicidade, etc.].

Repita esta frase mais quatro vezes, cada uma com uma intenção positiva diferente. Anote as novas intenções a seguir:

1. _____
2. _____
3. _____
4. _____

Ao terminar, leia em voz alta o que escreveu e escolha sentir genuinamente a energia das coisas boas que desejou. Faça isso cinco vezes. Então inspire profundamente e libere qualquer resistência que tenha surgido durante o exercício.

O que você achou mais difícil no exercício do perdão? Como seu ego respondeu ao ato de enviar boas intenções a alguém que de algum modo ofendeu ou prejudicou você? Que grandes emoções vieram à tona durante o exercício? Como se sentiu ao terminar?

_____
_____
_____
_____
_____
_____
_____
_____
_____
_____
_____
_____
_____
_____
_____
_____
_____
_____
_____
_____

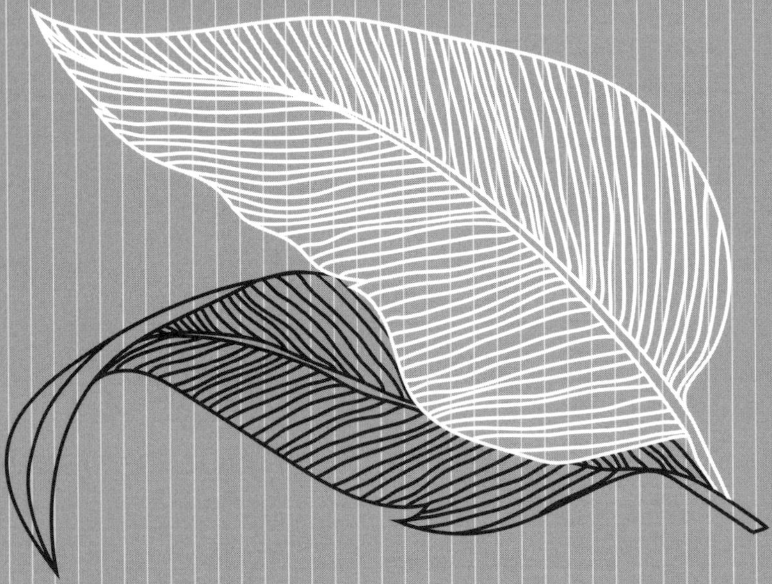

CAPÍTULO 8

ACOLHA SUA SOMBRA E SE AME PARA SEMPRE

O verdadeiro convite da jornada do trabalho com a sombra é para termos amor-próprio, autoaceitação e autocompaixão. Quando você adota esses conceitos básicos, todos os outros relacionamentos da sua vida melhoram.

Somos inundados pela pressão social de ter determinada aparência, enquanto estilos de vida pouco realistas vivem sendo glamourizados, fazendo com que nos sintamos insuficientes e equivocados. No entanto, neste capítulo você vai se concentrar em construir um relacionamento mais substancial e amoroso consigo mesmo e em aprender a amar e aceitar plenamente todos os seus aspectos, principalmente seu lado sombra.

Ao abandonar as crenças limitantes criadas em torno das várias mensagens subliminares que nos cercam, você aprende não apenas a se amar inteiramente, como a se entender como nunca e a se conectar verdadeiramente consigo mesmo. Cada vez que descartamos uma versão desatualizada nossa, precisamos nos familiarizar com a nova versão. Esse processo, como a maioria deles, nunca termina; a consciência simplesmente se aprofunda.

A CONSCIÊNCIA DE SI LEVA À CLAREZA

Como parte de meu trabalho, costumo enviar aos novos clientes um questionário para ser respondido antes da primeira sessão. Muitas perguntas servem para avaliar a clareza que o cliente tem sobre seus desejos, objetivos e motivações. Não é raro que as pessoas respondam com "não sei", "boa pergunta" ou "não tenho certeza". Embora a pergunta pretenda identificar metas de curto e longo prazos, às vezes a compreensão dos próprios desejos e paixões leva os clientes às respostas. Afinal, como saber quais são suas metas se você nem sabe o que gosta de fazer?

Vejamos o caso de Jamie, por exemplo. Ela foi uma das clientes mais difíceis com quem já trabalhei nesse aspecto. Nas três primeiras sessões, ela respondeu com incerteza a quase todas as perguntas.

Logo percebi que Jamie precisava se redescobrir. Com o tempo, ela revelou que, depois de dar à luz os filhos, sentiu que se perdera nos rótulos de mãe e esposa e não sabia mais quem era fora deles. Criei para ela um plano que a levou lentamente à autodescoberta e a ajudou a obter clareza nas áreas antes incertas que tínhamos discutido. Finalmente, conseguimos voltar aos trilhos para cumprir a meta recém-descoberta de fazer e vender joias em seu tempo livre.

EXPLORANDO O QUE ESTIMULA VOCÊ E LHE DÁ ALEGRIA

A estrada da autodescoberta é sinuosa e não tem fim. Quando as novas experiências se apresentam e nos transformamos por meio do crescimento, somos chamados várias e várias vezes a essa descoberta do eu.

Preencha as lacunas para ter uma ideia do que o estimula e anima.

O tempo voa quando _____
_____
_____ .

As atividades que acho mais agradáveis são _____
_____
_____ .

Adoro passar meu tempo livre _____
_____
_____ .

Se eu pudesse ganhar a vida fazendo o que quero, eu escolheria _____
_____
_____ .

Eu me sinto mais despreocupado quando estou _____
_____
_____ .

Gostaria de ter mais tempo para _____
_____
_____ .

Quero saber mais sobre _____

_____

_____ .

Tenho uma vontade louca de conquistar _____

_____

_____ .

Acho os seguintes assuntos interessantes: _____

_____

_____ .

Eu me sinto leve e animado quando passo o tempo com _____

_____

_____ .

MAIS DO QUE VOCÊ GOSTA

Após o exercício de preencher lacunas, o que você descobriu sobre si mesmo, suas paixões e seus desejos? Que desculpas ou crenças limitantes o impedem de fazer mais vezes o que gosta?

SIGA SUA FELICIDADE

Quando fazemos mais vezes o que ilumina nossa alma e nos traz alegria, atraímos mais experiências e oportunidades positivas. Para esta prática, aplique o que descobriu aqui e se comprometa a arranjar mais tempo para fazer o que você aprecia profundamente.

Como você poderia arrumar mais espaço na sua vida para fazer essas coisas com mais frequência? E quais seriam essas coisas? Seja específico ao descrever como são essas atividades e quando reservará tempo para elas em sua vida. Seria fazer aulas para aprender mais sobre um assunto do seu interesse, ficar mais tempo com uma pessoa especialmente inspiradora, planejar viagens ou talvez arranjar mais tempo para seus hobbies?

Reserve tempo todo dia para intencionalmente fazer mais do que lhe dá alegria. Registre sua experiência num diário para consultar depois. Você nunca sabe aonde isso vai levar. Cinco anos atrás, escolhi caminhar todas as manhãs escutando algum podcast inspirador, e isso me levou a escrever três livros e criar meu próprio negócio. Nunca esperei que isso acontecesse. A vida tem seu modo de se desenrolar da maneira mais mágica quando nos colocamos no momento presente e o abraçamos com alegria.

Como seria sua vida ideal sem limitações? O que você deseja verdadeira e profundamente depois que todas as restrições forem removidas?

_____

_____

_____

_____

_____

_____

TENHA CLAREZA SOBRE SUAS METAS

Trabalhar para integrar a própria sombra significa iluminar o desconhecido. É provável que a maioria das pessoas não pense no estabelecimento de metas como parte do trabalho com a sombra. No entanto, entender a si mesmo e se conhecer a ponto de saber quais objetivos são importantes para você é uma peça substancial desse quebra-cabeça.

Use a tabela a seguir para definir metas imediatas, de curto prazo e de longo prazo.

Metas imediatas: Metas que você pode trabalhar para atingir com rapidez e facilidade razoáveis

Exemplos: *Viajar no fim de semana ou visitar um parente que se sente solitário*

Meta 1	
Meta 2	
Meta 3	

Metas de curto prazo: Metas que você levará um ou dois anos para alcançar

Exemplos: *Poupar para uma despesa grande ou escrever um livro*

Metas de longo prazo*: Metas que estão cinco anos ou mais no futuro

Exemplos: *Comprar a casa dos sonhos, viajar pelo mundo ou ter seu próprio negócio*

Meta 1		
Meta 2		
Meta 3		

* Não permita que o ego o convença de que algumas metas são "grandes demais". Consulte a atividade de escrita da página 190 e use-a como guia para criar essas metas de longo prazo.

Tiro do meu caminho tudo que me impeça de viver minha mais alta expressão de alegria.

(Você pode trabalhar com essa afirmação num nível mais profundo, identificando com clareza o que bloqueia essa alegria.)

TORNANDO SEUS SONHOS REALIDADE

Agora que estabeleceu metas bem claras, está na hora de começar a transformá-las em realidade. Para realizar qualquer coisa que desejemos, precisamos cumprir uma série de etapas pequenas e administráveis, e cada uma delas nos deixa muito mais perto de onde queremos chegar. Uma das maiores diferenças entre os que têm sucesso e os que não têm é a disposição a se manter no caminho e a paciência com o processo.

Digamos que um indivíduo tenha a meta de se tornar palestrante motivacional e subir no palco diante de milhares de pessoas. Digamos também que, amanhã, a pessoa acorde e, num passe de mágica, seu sonho tenha se tornado sua nova realidade. Agora está na hora de subir naquele palco, mas a pessoa pulou todas as etapas que teriam levado a esse ponto, está completamente despreparada e não é qualificada para o papel. Consegue imaginar como isso pode ser aterrorizante? Algo que seria a realização de um sonho pode virar um pesadelo. Precisamos do processo, dos fracassos com os quais aprendemos e da instrução que vamos recebendo no caminho para alcançar nossas metas.

Esta prática se concentra nos pequenos passos práticos e viáveis rumo a seus desejos. Escolha uma meta de cada categoria – imediata, curto prazo e longo prazo – e decida que etapa prática você pode realizar em cada uma delas. O indivíduo que quer se tornar um palestrante motivacional famoso pode criar um blog ou fazer aulas de oratória. Crie um prazo para isso (por exemplo, "vou me matricular num curso de oratória até o fim de semana" ou "terei uma plataforma para meu blog até o fim do mês").

Trabalhe com sua lista e continue a criar novas metas à medida que for ganhando mais experiência com o processo.

_____

_____

_____

_____

ACOLHA SEUS ASPECTOS SOMBRIOS COM AMOR

É essencial aceitar suas imperfeições sem permitir que o simples fato de elas existirem lhe provoque emoções como culpa, vergonha ou sentimentos de inferioridade. Ninguém está à altura da perfeição, e não há vergonha nenhuma em admitir os pontos em que você precisa melhorar.

Neste exercício, você vai identificar e confrontar suas limitações e, depois, praticar o ato de oferecer amor e compaixão a si mesmo em relação a cada uma delas. Quanto mais à vontade você ficar na hora de lidar com seu lado sombra com amor e aceitação, mais rapidamente conseguirá identificar as áreas preocupantes e fazer ajustes alinhados a seus valores fundamentais.

Primeiro identifique uma limitação. Sob cada descrição, escreva uma frase afirmativa. Cada frase afirmativa deve abordar a limitação em questão e terminar com "mas ainda me amo, me honro e me aceito plenamente".

Exemplo:
Limitação: Às vezes não sou sincero com meu cônjuge para manter a paz.
Frase afirmativa: Sou uma obra inacabada e nem sempre ajo de um jeito que está alinhado a meus valores fundamentais por medo do confronto, mas ainda me amo, me honro e me aceito plenamente.

Limitação: _____
_____

Frase afirmativa: _____
_____
_____
_____

Limitação: _____

_____

Frase afirmativa: _____

_____

_____

_____

Limitação: _____

_____

Frase afirmativa: _____

_____

_____

_____

Limitação: _____

_____

Frase afirmativa: _____

_____

_____

_____

AJUSTANDO SEU COMPORTAMENTO

Qual é a causa por trás de algumas das limitações identificadas no exercício anterior? Reflita sobre como pode ajustar seu comportamento para melhorar nessas áreas.

PRÁTICA DE TRABALHO COM O ESPELHO

Nesta prática, usamos o espelho como ferramenta para nos conectar com nós mesmos. Para realizá-la, você deve reservar um horário durante pelo menos 21 dias para se dizer palavras amorosas enquanto faz contato visual consigo mesmo diante do espelho. Esta prática se encaixa facilmente na rotina matinal, no momento em que você se prepara para o dia.

O trabalho com o espelho pode ser muito desconfortável. Talvez você se sinta bobo e tenha medo do que os outros vão pensar se o ouvirem. Eu o incentivo a avançar apesar do medo e do desconforto e a se comprometer com a prática. Listei algumas frases que você pode usar para começar, mas personalize suas afirmações com base no que precisar ouvir.

Exemplo de afirmações:

- Amo você.
- Você é lindo por dentro e por fora.
- Estou muito orgulhoso de você.
- Você está indo muito bem!
- Você tem muito valor.
- Você é perfeitamente imperfeito, e isso é ótimo!
- Você é importante.

Quais verdades profundas você descobriu sobre si mesmo por meio desta jornada do trabalho com a sombra? Como essa consciência mudou sua percepção de si mesmo e de suas experiências?

_____
_____
_____
_____
_____
_____

Consigo conquistar qualquer coisa que decidir fazer. Basta me dedicar e perseverar.

REFLEXÕES FINAIS

Este último exercício ajudará você a tomar consciência de quanto cresceu ao longo deste processo, a reconhecer suas vitórias e a refletir sobre as mudanças positivas que ocorreram como resultado de seu esforço, sua dedicação e seu compromisso com seu crescimento pessoal e sua transformação.

Em que aspectos sua mentalidade melhorou como consequência do seu esforço para integrar sua sombra?

_____
_____
_____
_____
_____
_____

Que vitórias você alcançou como consequência do trabalho interior que vem fazendo?

_____
_____
_____
_____
_____
_____

Como seus relacionamentos melhoraram?

_____
_____
_____
_____
_____
_____

Que revelações você teve enquanto trabalhava com este livro?

_____
_____
_____
_____
_____
_____

Como este trabalho mudou o modo como você pensa e se sente em relação a si mesmo?

Como seus medos o apequenavam e que providências você tomou ou tomará para enfrentá-los?

CELEBRANDO A SI MESMO

Embora seja uma prática divertida, celebrar a nós mesmos pode ser desconfortável. Alguns sentem que estar no centro das atenções significa ser convencido e querer chamar a atenção, mas nada está mais distante da verdade. Ser capaz de celebrar as próprias vitórias sem constrangimento é sinal de uma confiança saudável.

Se chegou a este último exercício e fez as práticas e atividades anteriores com todo o zelo, você deve sorrir de orgulho. Vale a pena comemorar, e isso é exatamente o que lhe pedimos que faça nesta última tarefa.

Planeje algo divertido para celebrar sua viagem pelas sombras. Pode ser um belo jantar num restaurante com seu parceiro ou com amigos íntimos ou um fim de semana relaxante no campo. Compre para você suas flores favoritas ou marque finalmente aquele dia no spa dos seus sonhos. Será diferente para cada um. Seja intencional em sua escolha e saiba que você merece muito!

Principais lições

Este capítulo final se concentrou em ajudá-lo a ter um entendimento mais profundo de si mesmo e a aceitar todos os seus aspectos, inclusive seu lado sombra. Eis os pontos principais a lembrar:

- A estrada da autodescoberta é sinuosa e não tem fim. Quando as novas experiências se apresentam e nos transformamos por meio do crescimento, somos várias e várias vezes chamados a essa descoberta do eu.

- Quando fazemos mais coisas que iluminam nossa alma e nos trazem alegria, atraímos mais experiências e oportunidades positivas.

- A maioria das pessoas não pensa no estabelecimento de metas como parte do trabalho com a sombra. No entanto, entender a si mesmo e se conhecer a ponto de saber quais objetivos são importantes para você é uma peça substancial do quebra-cabeça.

- É essencial aceitar suas imperfeições sem permitir que o simples fato de elas existirem lhe provoque emoções como culpa, vergonha ou sentimentos de inferioridade.

- Ser capaz de celebrar as próprias vitórias sem constrangimento é sinal de uma confiança saudável.

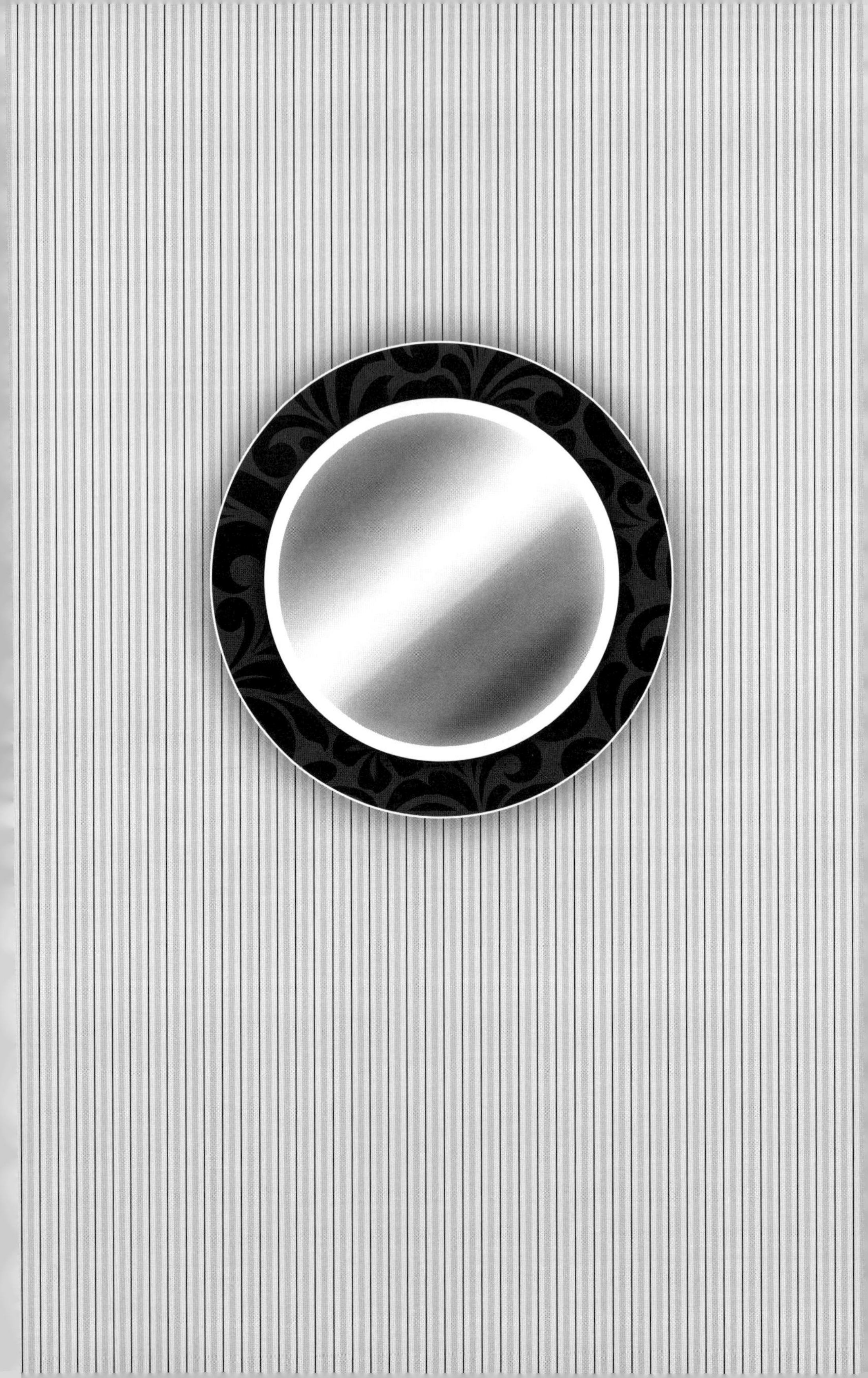

DIÁRIO

O amor é uma energia que você pode incorporar e que lhe servirá de apoio para aceitar todos os seus aspectos. A maior parte deste trabalho se concentra em melhorar os aspectos negativos que se escondem nas sombras, mas quero virar o roteiro de ponta-cabeça e trazer certo equilíbrio a esta equação chamando sua atenção para o que você ama na sua vida. Liste tudo em sua experiência atual que o conecte ao amor. Podem ser pessoas, lugares, animais, músicas, atividades, qualquer coisa. Volte a esta página sempre que precisar de uma dose da energia curativa do amor.

1. _____
2. _____
3. _____
4. _____
5. _____
6. _____
7. _____
8. _____
9. _____
10. _____

Olhando sua lista, avalie com que frequência você se envolve em atividades, situações ou pessoas que ativam a energia do amor. Como arranjar mais tempo para se dedicar a essas coisas? E como seria? Como sua vida mudaria se todo dia você se concentrasse conscientemente em ser uma personificação do amor?

Pense nos comportamentos alheios sobre os quais você tenha uma opinião crítica ou severa. Como lidar com a pessoa em questão, seus comportamentos ou a situação com mais amor e compaixão? O ego tentará resistir a essa abordagem; portanto, fique de olho nessa tendência e retorne a um espaço de amor ao notá-la.

O abraço de trinta segundos é chamado de "abraço da ocitocina" por causa do hormônio liberado a partir do toque físico prolongado. A liberação de ocitocina alivia a ansiedade e se contrapõe aos hormônios do estresse. Ela também regula o sistema nervoso e promove saúde física e emocional.

Comece dando em si mesmo abraços periódicos de trinta segundos no decorrer do dia. A meta são três vezes: de manhã, à tarde e à noite. Se tiver dificuldade de se lembrar, programe um alerta no celular.

Você também pode induzir a liberação de ocitocina com a prática de abraços longos no parceiro, nos filhos, no melhor amigo, nos familiares.

☐ **Antes do abraço:** Inspire fundo e observe como se sente antes do abraço de trinta segundos. No primeiro quadro abaixo, observe como sente seu corpo e sua energia. Por exemplo, sente aperto no peito, ansiedade, peso em algum ponto do corpo, etc.?

☐ **Depois do abraço:** Inspire profundamente ao terminar e entre em sintonia com seu corpo, sua mente e seu espírito mais uma vez. Anote a mudança no segundo espaço abaixo.

Como me sinto antes

Como me sinto depois

Quando se identifica com determinados aspectos da sombra, você pode se comportar em desacordo com seus valores fundamentais. Ter consciência dessas tendências lhe dá a oportunidade de se alinhar com seu eu superior e se manter fiel a esses valores. Use a lista a seguir para identificar como você age quando está em desacordo com seu sistema de crenças fundamentais.

- ☐ Gritos
- ☐ Xingamentos
- ☐ Fofocas
- ☐ Julgamentos e comparações
- ☐ Falta de sinceridade
- ☐ Competitividade
- ☐ Teimosia
- ☐ Rancor
- ☐ Busca de validação externa
- ☐ Autossabotagem
- ☐ Inveja
- ☐ Ganância
- ☐ Egoísmo
- ☐ Necessidade de sempre agradar os outros
- ☐ Reatividade
- ☐ Impaciência
- ☐ Despeito

Como seus valores fundamentais mudaram ao longo do tempo? Que valores e ideias os adultos da sua vida lhe incutiram quando criança? Eles mudaram na idade adulta?

_____

_____

_____

_____

_____

_____

_____

_____

_____

_____

Quais são seus valores mais importantes nas seguintes áreas:

Vida familiar: _____

Relacionamentos românticos: _____

Trabalho: _____

Amizades: _____

Relacionamento consigo mesmo: _____

ESCREVENDO UMA NOVA HISTÓRIA

Em geral, as histórias cuja origem remonta às nossas experiências da infância nos mantêm presos em ciclos e padrões tóxicos. Escrever uma nova narrativa nos leva a um espaço mais saudável e, em última análise, remodela nossa experiência atual. Este exercício tem duas partes. Primeiro você deve identificar as histórias antigas e, depois, criar algo novo. Por exemplo, a pessoa que cresceu sendo frequentemente criticada pela mãe, que alimentava expectativas não realistas a seu respeito, pode se transformar num adulto com tendência a querer sempre agradar os outros. Por causa disso, cria-se uma história que diz que, para ser digna de amor e aceitação, a pessoa precisa agradar os outros. Uma nova história mais útil seria entender que a pessoa é digna de amor, afeto, validação e apreciação sem precisar de contrapartidas. Use este exercício para guiá-lo na hora de reescrever uma de suas histórias.

Identifique uma narrativa bem antiga e use o espaço a seguir para escrever sobre ela.

Palavras finais

Parabéns! Estou muito orgulhosa de você e espero que você também esteja. Este trabalho não é para os fracos de coração, e nos aprofundamos em vários assuntos relacionados à maneira como lidamos com o nosso lado sombra.

Espero que você tenha aprendido muito sobre si mesmo, suas experiências e o mundo que o cerca. Quero expressar minha profunda gratidão por sua perseverança e seu compromisso com o crescimento pessoal.

Agora está na hora de colher os frutos de todo esse trabalho. Embora haja muito crescimento com as experiências difíceis, desconfortáveis e até dolorosas, o crescimento também se oferece a nós por meio da alegria. Entenda que você pode crescer por meio do amor e da graça.

Muitíssimo obrigada por me permitir participar de sua jornada; isso é algo que sempre valorizo. Minha vocação e honra mais profunda é guiar os outros por esse trabalho. Obrigada por me dar espaço para cumprir meu propósito, uma palavra de cada vez. Espero ter servido bem a essa vocação.

Muito amor a todos.

– Kelly

Recursos

Carl Jung: Knowledge in a Nutshell, de Gary Bobroff [em inglês]
   Uma introdução fácil de entender sobre a vida de Carl Jung e das crenças sobre o inconsciente que ele formulou e divulgou.

Codependentes Anônimos, codabrasil.org.br
   Uma comunidade on-line que inclui um programa de doze passos para oferecer apoio a quem tem dificuldade de construir relacionamentos saudáveis.

Como curar sua vida: Abandone velhos hábitos, pare de se sabotar e cuide do corpo, da mente e da alma, da Dra. Nicole LePera
   Aprenda a reconhecer seus padrões de crenças limitantes e enfrente o pensamento condicionado para se reconectar com o seu eu verdadeiro.

Não começou com você: Como o trauma familiar herdado nos define e como dar um fim a esse ciclo, de Mark Wolynn
   Esse livro examina a conexão entre feridas geracionais e ansiedade, depressão, dor crônica e outros transtornos físicos e mentais.

High Vibe (podcast disponível em todas as principais plataformas de streaming de áudio), de Kelly Bramblett [em inglês]
   Em meu podcast *High Vibe*, eu e meus convidados guiamos você por vários tópicos do trabalho com o lado sombra.

Rewired (programa de TV apresentado pelo Dr. Joe Dispenza) [em inglês]
   Examine sua mente inconsciente e aprenda a reconfigurar o cérebro para formar hábitos saudáveis, confrontar sua sombra e curar seu trauma.

Self-Healers Soundboard, com Dra. Nicole LePera e Jenna Weakland (podcast) [em inglês]
   Nesse podcast, você aprenderá a reconhecer e enfrentar seus padrões, curar as experiências dolorosas do passado e desenvolver um entendimento mais profundo do eu.

Your Inner Child: A Guided Journal to Heal Your Past and Recover Your Joy, de Kelly Bramblett [em inglês]
   Nesse livro, ofereço sugestões de escrita e práticas reflexivas para ajudar você a curar a criança interior e abraçar um futuro mais gratificante.

Referências

Centers for Disease Control and Prevention. "Heart Disease and Mental Health Disorders". Modificado pela última vez em 6 de maio de 2020. Disponível em: cdc.gov/heartdisease/mentalhealth.htm.

Centers for Disease Control and Prevention. "What Is Epigenetics?" Modificado pela última vez em 3 de agosto de 2020. Disponível em: cdc.gov/genomics/disease/epigenetics.htm.

CONHEÇA ALGUNS DESTAQUES DE NOSSO CATÁLOGO

- Augusto Cury: Você é insubstituível (2,8 milhões de livros vendidos), Nunca desista de seus sonhos (2,7 milhões de livros vendidos) e O médico da emoção
- Dale Carnegie: Como fazer amigos e influenciar pessoas (16 milhões de livros vendidos) e Como evitar preocupações e começar a viver
- Brené Brown: A coragem de ser imperfeito – Como aceitar a própria vulnerabilidade e vencer a vergonha (600 mil livros vendidos)
- T. Harv Eker: Os segredos da mente milionária (2 milhões de livros vendidos)
- Gustavo Cerbasi: Casais inteligentes enriquecem juntos (1,2 milhão de livros vendidos) e Como organizar sua vida financeira
- Greg McKeown: Essencialismo – A disciplinada busca por menos (400 mil livros vendidos) e Sem esforço – Torne mais fácil o que é mais importante
- Haemin Sunim: As coisas que você só vê quando desacelera (450 mil livros vendidos) e Amor pelas coisas imperfeitas
- Ana Claudia Quintana Arantes: A morte é um dia que vale a pena viver (400 mil livros vendidos) e Pra vida toda valer a pena viver
- Ichiro Kishimi e Fumitake Koga: A coragem de não agradar – Como se libertar da opinião dos outros (200 mil livros vendidos)
- Simon Sinek: Comece pelo porquê (200 mil livros vendidos) e O jogo infinito
- Robert B. Cialdini: As armas da persuasão (350 mil livros vendidos)
- Eckhart Tolle: O poder do agora (1,2 milhão de livros vendidos)
- Edith Eva Eger: A bailarina de Auschwitz (600 mil livros vendidos)
- Cristina Núñez Pereira e Rafael R. Valcárcel: Emocionário – Um guia lúdico para lidar com as emoções (800 mil livros vendidos)
- Nizan Guanaes e Arthur Guerra: Você aguenta ser feliz? – Como cuidar da saúde mental e física para ter qualidade de vida
- Suhas Kshirsagar: Mude seus horários, mude sua vida – Como usar o relógio biológico para perder peso, reduzir o estresse e ter mais saúde e energia

sextante.com.br